비영리단체의 컨설팅 가이드북

조직 컨설팅의 실제

비영리단체의 컨설팅 가이드북

A Guidebook for Consulting on Nonprofits

조직 컨설팅의 실제

[**O**peration of
Nonprofits]

이재현 지음

한국문화사

햇빛을 마주 받으려고 창 앞에 다가앉은 나는
원고지 위로 몸을 수그렸다.
그것은 백지가 아니라 내 얼굴이 보이는 거울이었다.
나는 내가 쓰는 모든 글은 고백이 되리라고 믿었다.

니코스 카잔차키스 『영혼의 자서전』 1956

한창 내 자신의 성장과 전문성에 대해 고민하고 있던 30대 후반 무렵이었다. 좋은 교육 프로그램을 발견하면 어디든 달려가 빠지지 않고 찾아듣던 시절, 여느 날과 마찬가지로 '또 어떤 좋은 교육이 있을까?'를 상상하며 인터넷을 두리번거리고 있던 중 지나가던 상사가 나에게 툭 던진 말.

'이차장, 교육을 언제까지 찾아들을 셈이야? 곧 마흔 살이 되잖아. 이제 남을 가르칠 나이 아닌가?'

청중 앞에서 강의하는 일이란 나와 평생 관계없을 것 같았고, 심지어 소수의 사람들이 하는 특수한 직업이라는 편견도 있던 시절이라 그 말은 내게 큰 충격이었다. 그리곤 작은 결심을 했다. '그래, 꼭 프로강사가 되진 않더라도 내가 경험하고 깨달은 지식을 한 번쯤 정리는 해 봐야겠다.' 이 결심을 하게 된 이후 몇 년이 흐른 지금 나의 직업은 그때와 완전히 달라져 있다.

당신의 주변은 어떤가? 조직에 속해 있더라도 강의와 컨설팅 등의 외부 활동을 하는 경우는 과거에 비해 상당히 많아졌다. 아예 프리랜서로 전업을 하느냐, 아니면 조직에 속해 있으면서 그런 역할을 병행하느냐의 차이일 뿐이다. 설사 아직 시작하지 않은 사람이라도 상관없다. 숨 막히는 조직생활에 지칠 때마다 쉽게 상상해 볼 수 있는 모습이다.

이 가이드북은 '컨설팅'이라는 프레임으로 세상을 바라보고자 한다. 단순한 강의를 넘어 컨설팅까지 수행한다는 것은 많은 노하우가 수반되는 행위이다. 이는 직업적인 프리랜서에만 국한되는 것은 아니다. 현재 조직에 소속된 사람이라도 해당하는 일이다. 자신의 전문성을 이용하여 의미 있는 변화에 참여하는 일은 이제 일상이 되었다.

자신만의 콘텐츠로 누군가를 돕는 일은 그 자체만으로도 충분히 매력적인 일이다. 나아가, 자신의 지식과 경험을 누군가에게 전달하는 과정을 통해 우리는 전문가로 성장한다. 그러므로 컨설턴트가 된다는 것은 관계된 모든 이들에게 의미가 충분한 일이 분명하다. 타인을 돕는 사회적 참여를 통해 세상을 바꾸고 자신도 성장하는 행위를 컨설팅으로 정의하자.

이미 다가온 컨설팅의 시대,
나도 했다, 당신도 할 것이다, 누구나 컨설턴트다.

2020. 2.
저자 이재현

1. 컨설팅에 관심이 있거나 이미 수행하고 있는 프리랜서
2. 강의 등 외부활동을 하고 있는 조직 소속 구성원
3. 현재 하고 있는 일의 확장을 고민 중인 전문 강사
4. 조직을 퇴사한 후 향후 진로를 고민하고 있는 퇴직자
5. 컨설팅을 수행하는 지원기관/지원사업의 담당자

경영학 말고 비영리 영역에
적합한 컨설팅 입문서는 없나요?
– 5년차 상근자

사람을 키우고 사람을 남기는
사업을 하고 싶어요.
– 지원사업 담당자

시민단체, 마을,
사회복지, 자원봉사 등
모든 시민사회를 아우르는
원리가 궁금해요.
– 프리랜서 강사

이 영역에서 본격적으로
컨설턴트를 해보려구요.
– 삶의 전환을 고민 중인 사람

Chapter IV. **컨설턴트의 성장**

Chapter V.　**컨설턴트의 Dos and Don'ts**

비영리단체의
컨설팅 가이드북

◆

A Guidebook for Consulting on Nonprofits.

Chapter I.

컨설턴트는 누구인가?

컨설턴트가
곧 혁신가다!

언제 컨설턴트가 되어야 하나?

반복되는 사무실에서 이따금 떠올리는 상상, '나도 독립해 볼까?' 여러 가지 상상 중 컨설턴트에 대해 상상해 봤다면 컨설턴트가 되기에 얼마나 적절한 타이밍인지 체크해 보자.

컨설턴트 타이밍 체크리스트

□ 반복되는 조직 내의 한정된 업무를 벗어나 나만의 전문성을 키우고 싶어졌다.

□ 지금 소속된 조직을 벗어나 다양한 경험으로 성장할 수 있는 커리어를 쌓고 싶어졌다.

□ 현장 경력이 축적되다 보니 타인에게 도움을 줄 수 있겠다는 생각이 자주 든다.

□ 같은 조직에서 실무자로 계속 근무하는 것은 한계가 뚜렷함을 최근 절감하고 있다.

□ 소속된 조직에서 느끼는 매너리즘을 타파하기 위해 새로운 자극과 활력이 필요하다.

□ 우연히 어떤 컨설팅 프로그램에 참여해봤는데 아직도 좋은 기억으로 남아 있다.

☐ 직장을 퇴사했는데 당분간 조직에 　 ☐ 퇴직 후, 그간 축적한 내용을 누군
들어갈 계획은 없고 새로운 기회를 　 가에게 전달해주는 역할을 해보고
찾고 있다. 　 싶다.

이 중 세 개 이상 체크했다면 당신은 컨설턴트에 대한 갈망이 내재된 사람이다. 앞으로 이 가이드북에서 제시하는 전체적인 내용을 살펴보며 진지하게 가늠해보기를 바란다.

 해 보 니 까   이 렇 더 라

누구나 누군가에게 컨설턴트다

교육방식을 통한 변화에는 한계가 있다. 근원적인 변화를 위해서는 컨설팅이 필요하다. 최근 들어 전달식 강의보다 컨설팅 방식의 프로그램이 부쩍 많아지는 사회 분위기가 이를 대변한다. 그러나 많은 사람들이 컨설팅에 대한 막연한 부담감을 가지고 있다. 특별한 전문가의 전유물로 여기거나, 유수의 전문기업만 할 수 있는 일이라는 선입견 때문이다.

전문성이 분화되고 정보가 투명해지는 사회는 누구나 컨설턴트가 될 수 있는 사회임을 뜻한다. 지식의 공유와 정보격차의 해소, 사회적 가치의 보편화와 질적 성장, 사회적 자본과 공동체성 형성이라는 사회적 과제를 위해 '부의 나눔'을 넘어 '지식과 경험의 나눔'까지 이어져야 한다. 이 '나눔'은 자원봉사로도 가능하고 상업적 행위로도 가능하기에 영리·비영리 혹은 사회적기업의 등의 경계는 특별한 의미를 가지지 못한다.

친구의 소소한 고민을 상담해주는 행위로부터, 거대한 조직의 전략을 제시하는 것까지 모두 컨설팅이라는 프레임 속에 존재한다. 현대사회에서 컨설팅의 개념은 갈수록 의미가 커지고 있다.

컨설턴트란 누구인가?

컨설턴트란, 관련된 전문지식과 자신의 재능을 다양한 방법을 통해 전달함으로써 문제해결을 돕고 변화를 촉진하는 사람이다. 전문지식이란 이론과 경험 모두를 포함한다. 컨설턴트의 재능은 전문지식의 효과를 증폭시키는 요건이다.

컨설턴트의 요건

1. 지식(Knowledge)

◦ 컨설팅하려는 분야의 학문적 지식은 컨설턴트의 필수적인 요건이자 컨설팅의 기본이다.

◦ 전문지식과 관련된 사회·조직 전반의 맥락을 이해하는 시선은 컨설팅에 깊이를 더한다.

◦ 최근 회자되는 새로운 이론과 툴을 활용할 수 있다면 컨설턴트의 전문성을 증명하기 쉽다.

2. 경험(Experience)

◦ 관련 분야에서 직간접적으로 축적한 경험지식은 컨설팅의 성공 확률을 향상시킨다.

◦ 컨설턴트가 제시하는 대안이 검증된 사례인지를 설명할 수 있다면 의뢰인은 안심한다.

◦ 의뢰인이 털어놓는 문제와 고충을 이미 겪어본 컨설턴트라면 그 말의 권위는 올라간다.

3. 재능(Talent)

◦ 컨설팅은 대부분 대화로 진행되므로 회의를 진행하는 능력 등 원활한 소통능력은 컨설팅에 신뢰를 더한다.

◦ 컨설팅은 보통 강의로 시작되기에 청중에게 조리 있게 전달하는 교수력(敎授力)은 컨설팅의 설득력을 부여한다.

◦ 문제가 있는 곳에서 의뢰하는 일이 컨설팅의 특성이므로 문제를 진단하는 통찰력은 컨설팅의 효과성을 촉진한다.

재능(Talent)

경험(Experience)

지식(Knowledge)

해 보 니 까 이 렇 더 라

'나는 말주변이 없어요.'

컨설턴트는 말을 잘하는 사람이 아니다. 말수가 적거나 말이 어눌해도 괜찮다. 어떤 자리에서
건 상대방의 이야기를 더 많이 듣고 그 마음을 읽어내려는 노력이 중요하다. 설사 해결책을
알고 있다 해도 이 과정을 생략해서는 안 된다. 질문과 기다림 없이 해결책을 제시한다면 상
대는 이해하지 못한다. 이해가 되고 수긍이 가는 해결책은 이 인내의 과정을 거칠 때 가능해
진다. 문제해결을 제시하는 것은 컨설턴트의 역할이지만 그것을 수행하는 것은 의뢰인과 그
단체의 구성원들이기 때문이다.

의뢰인에게 좋은 질문을 던지고 의뢰인의 이야기를 경청하며, 아무리 사소한 것에도 성실히
답하는 태도는 효과적인 컨설팅을 위해 필수적인 과정인 동시에 컨설턴트의 성장에 있어 핵
심적인 요소다. 의뢰인이 가지고 있는 문제를 주의깊게 경청하고 진지하게 고심하며 해결방
안을 친절히 설명하는 일련의 과정은 인지심리학에서 성장의 경로로 설명된다. 컨설턴트가
이타적일수록 왜 성장이 더 빠른가에 대한 답이다.

☞ 컨설턴트를 관리하는 지원사업의 담당자라면 컨설턴트가 공감능력을 가지고 있는지 확인
하는 것이 좋다. 상대방의 문제에 공감하지 못하는 컨설턴트는 말이 많고 현란하다는 평가를
주위에서 듣기 쉽다. 성급한 해결책 중심의 컨설턴트는 지시적 언어로 귀결되기 쉽다. 머리로
는 이해되나 마음으로 받아들이지 못하는 의뢰인은 변화의 동기를 찾지 못해 힘들어 한다.

컨설턴트가 갖출 기본자세

컨설팅은 사람이 직접 전하는 서비스인 관계로 컨설턴트의 자세는 컨설팅에 있어서 중요한 변수가 된다. 컨설턴트가 갖추어야 하는 자세를 어떻게 설명할 수 있을까?

컨설턴트의 준비 자세

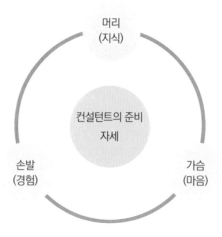

머리
(지식)

컨설턴트는 관련된 풍부한 지식은 물론 사람·조직·사회를 읽는 안목이 있다.

가슴
(마음)

컨설턴트는 따뜻한 마음으로 관심있게 경청하고 이해하는 자세가 있다.

손발
(경험)

컨설턴트는 현장의 경험과 실사구시적 해결방안이 있다.

 해 보 니 까   이 렇 더 라

숨겨진 욕구 찾기

의뢰인의 성향과 욕구는 저마다 다르다. 어떤 의뢰인은 탄탄한 이론과 새로운 지식에 갈증을 느낀다. 반면 어떤 의뢰인은 위로와 격려를 받고 싶어 한다. 한편 어떤 의뢰인은 유사사례를 통해 자기확신을 얻고자 한다.

마찬가지로 의뢰기관의 기대감이 파악되지 않는다면 컨설팅의 만족도는 낮아질 수밖에 없다. 가령 컨설팅을 실제 조직 변화의 계기로 삼으려는지, 혹은 구성원의 훈련의 장으로 활용하려는지에 따라 컨설팅의 접근방식은 조정될 필요가 있다.

이렇듯 의뢰인(혹은 의뢰기관)의 문제를 파악함과 동시에, 감추어진 '내재적 욕구'를 파악했는가의 여부는 컨설팅의 전반에 걸친 의외의 강한 변수로 작동한다.

컨설턴트의 형태별 특성

동일한 컨설팅을 하더라도 컨설턴트의 신분과 위치에 따라 형태는 달라진다. 당신의 컨설팅은 '직업인가, 부업인가, 사업인가', 아니면 '봉사인가'의 질문이다. 각 형태에 따른 특성을 알아보자.

컨설턴트의 형태와 특성

1. 프리랜서(Freelancer) 컨설턴트

어떤 조직에도 속하지 않은 상태를 뜻한다. 프리랜서형(形) 컨설턴트는 컨설팅의 역할 뿐 아니라 강사나 연구자 등의 역할도 동시에 요구받게 된다. 만일 재능이 많은 사람이라면 요구받는 다양한 역할을 동시에 수행함으로써 상호적 시너지를 창출할 수 있다. 프리랜서 컨설턴트는 대부분 개인사업자의 신분일 것 같지만, 사업자신고를 하지 않은 '법적 프리랜서'도 많다.

2. 조직원(Employee) 컨설턴트

조직에 고용된 상태(근로자)이지만 다른 조직의 '자문위원', '컨설팅 지원단' 등의 이름으로 외부활동을 하는 경우를 말한다. 특히, 정부나 중간지원조직에서 보조금 지원사업이 많아지고 그에 관계된 성과관리가 까다로워지면서, 컨설팅 개념의 개입은 증가하는 추세다. 이때 컨설팅 과업을 외주로 처리하지 않고 유사 조직의 숙련자를 섭외하여 컨설턴트로 활용하는 동료컨설팅(Peer consulting)방식이 많아져 조직원 컨설턴트 형태는 점차 증가하고 있다.

3. 사업체(Corporation) 컨설턴트

프리랜서로 활동하다 잘 되면 사업체로 확장하기도 한다. 혹은 처음부터 사업체로 세팅해 시작하는 경우도 있다. 사업체는 법적 인격이 있으므로 공모사업, 용역수행 등 상대적으로 큰 계약체결에 용이하다. 비영리조직을 컨설팅하는 조직체라고 해서 영리와 비영리의 선명한 경계를 고려하며 선택을 고민할 필요는 없다. 따라서 조직형태도 사단법인, 협동조합뿐 아니라 상법상의 영리법인까지 다양한 법인격으로 나타난다.

4. 자원봉사(Volunteer) 컨설턴트

앞의 세 가지 형태와 배타적으로 구분하기 힘든 면도 있지만, 전문적 경험과 지식의 나눔이란 차원에서 보면 엄연한 하나의 영역이 될 수 있다. (경제적) 대가를 바라지 않고 컨설팅을 수행하는 이 방식은 지자체, 공공기관, 비영리단체 등에서 이사와 같은 임원 활동, 프로보노 활동 등의 사례가 있다. 또한 '지원단', '사업단' 등의 이름으로 자원봉사 컨설턴트를 운영하는 사례가 상당히 많아지고 있으며 흔히 동료컨설팅(Peer-consulting) 방식으로 전개되기도 한다.

해 보 니 까   이 렇 더 라

프리랜서 컨설턴트의 첫 고객은 누구?

당신이 만약 프리랜서나 사업체 형태로 독립을 한다면 누가 당신의 첫 '고객'이 될까? 요컨대
사업이란 누구로부터 시작되는가?

1. 전 직장의 동료들, 관계자들
2. 전 직장에서의 거래처, 업무를 통해 만났던 사람들
3. 친구, 친구의 거래처
4. 동료 컨설턴트, 알고 지내던 프리랜서
5. 입소문·추천·인터넷 등으로 당신을 우연히 알게 된 사람

컨설팅 주체의 법인격 비교

법적인 의미의 프리랜서는 법적 등록·신고 없이 개인적으로 상행위를 하는 사람을 뜻한다. 강의 후 원천징수를 제하고 지급받는 방식을 떠올리면 된다. 프리랜서는 각종 세금 문제 등에서 벗어나기에 누구라도 진입이 쉽고 편한 장점이 있는 반면, 금액이 큰 규모의 계약을 체결하기는 힘들다.

프리랜서, 개인사업자, 영리/비영리 법인, 협동조합 등 원래 속해 있던 조직을 벗어난 상태에서 자신의 사업을 꾸려가는 다양한 형태의 방식이 존재한다. 따라서 현재 조직에서 벗어나 독립을 준비하고 있다면 해당하는 장단점을 잘 살펴본 후 추진하는 것이 적절하다.

어떠한 형태에도 정답이란 있을 수 없으며 자신에게 유리한 것을 선택할 수 있다. 이때 컨설팅 활동에 어떠한 법인격이 더 편리하고 효과적인지의 기준도 있겠지만 소득이 증가됨에 따라 절세에 유리한 방향도 고려해 봐야 한다. 혹은 이러한 현실적 이슈를 떠나, 본인의 성향이 동료들과 함께 일하는 방식을 선호하는지 그렇지 않은지도 중요하다.

		장점	단점	비고
개인	프리랜서	• 자유로운 활동 • 종합소득세 신고의무 발생하나 소득금액이 크지 않다면(연 4,600만원) 세율이 낮음.	• 큰 프로젝트의 계약의 제약. • 직원채용/세금계산서 발행 불가. • 소득 4,600만원 초과부터 세율 증가(26.4%, 최고 44.2%).	
	개인사업자	• 쉬운 창업, 쉬운 휴/폐업. • 직원채용/세금계산서 발행 가능.(이하 공통) • 사업자 단위의 프로젝트 참여 가능.(이하 공통)	• 큰 프로젝트의 계약의 한계. • 부가세/원천세 신고 등 세무업무 증가.(이하 공통)	
법인	영리법인 (주식회사 등)	• 급여/배당의 수익 배분 가능. • 개인사업자보다 신뢰도 증가, 프리랜서보다 세부담 감소(고소득 프리랜서/개인사업자의 법인 환 시 소득 2억원까지 법인세율 11%, 이하 공통) • 제한된 주주의 참여로 의사결정 빠름.	• 법인운영의 고정비용 발생. (이하 공통) • 지분율에 따른 의결권으로 제한적 참여. • 구성원 실익증진보다 조직 이윤 중심.	영리
	협동조합	• 사익과 공익의 병행 추구 가능. • 1인 1의의결권으로 다양한 의견 수렴 가능. • 출자배당과 이용배당으로 구분해 차등 배당 가능.	• 1인 1의결권으로 인한 절차적 소통업무 증가, 신속한 의사결정의 어려움. • 매출에 기여한 역할에 못 미치는 배당 가능성.	
	사단법인	• 조직의 공익성 증가, 다양한 이해관계자 참여 가능. • 정부의 '비영리' 공모/지원사업 참여 가능. • 회비, 후원금 모집 가능.	• 주무관청의 관리감독 의무 발생. • 이익 배분 불가능(급여로 이익 반영할 경우 특별한 세금혜택 없음) • 해/청산 시 잔여재산의 국가 헌납.	비영리

구분	프리랜서	개인 사업자	영리법인	사단법인	협동조합
직원채용	X	O	O	O	O
종합소득세	O	O	X	X	X
장부작성	일정규모 이하 면제	일정규모 이하 면제	O	O	O
법인세	X	X	O	O	O
부가가치세	X	O	O	O	O
구성원 명칭	X	대표자	주주	사원(회원)	조합원
구성원참여가능성	X	X	△	O	O
이익배분	X	X	O	X	△
비영리민간단체지원	X	X	X	O	X

《자문》사단법인 한국공익법인협회(이사장 김덕산, 공인회계사)

나에게 어울리는 컨설턴트 형태는?

앞 챕터를 통해 컨설턴트의 유형과 특성을 알 수 있었다. 그중 현실에서 가장 흔한 형태는 무엇일까? 아마도 프리랜서(Freelancer) 형태와 조직원 (Employee) 형태가 아닐까? 당신은 어떤 형태에 더 적합한 인재 유형일지 다음의 체크리스트로 살펴보자. 체크한 항목이 많은 컨설턴트 형태가 당신에게 어울리는 유형이다.

컨설턴트 형태 적합도 체크리스트

1. 프리랜서 컨설턴트 적합 여부 체크리스트

□ 나는 혼자 일해도 나태해지지 않고 자기관리를 잘하는 사람이다.

□ 나는 사업가 기질이 있어서 새로운 영역을 개척하고 싶은 사람이다.

□ 나는 미래의 불확실성에 대해 크게 동요하지 않는 편이다.

□ 나는 위계나 직급에 거부감이 있고 자유롭고 싶다는 상상을 자주 한다.

□ 나는 매일 반복되는 업무에 실증이   □ 나는 멀티태스킹(동시에 여러 가지
　나 지루함을 종종 느끼는 편이다.   　일)을 잘 하는 편이다.

□ 나는 1인 기업이라도 좋으니 내가
　'대표자'를 하는 게 나은 것 같다.

2. 조직원 컨설턴트 적합 여부 체크리스트

□ 나는 조직에 소속되거나 어딘가에 묶   □ 나는 불안정함이 싫기에 조직이라는
　여 있어야 성실하게 일하는 편이다.   　구조와 안정감을 선호한다.

□ 나는 사무실 안에서 동료들과 함께   □ 나는 조직의 위계나 내부 정치의 스
　일하는 즐거움에 의미를 둔다.   　트레스는 버텨내야 한다고 생각한다.

□ 나는 조직의 규정이나 지침을 잘 준   □ 나는 많은 가짓수의 업무를 동시에
　수하려고 노력하는 편이다.   　집중할 때 힘들어하는 편이다.

□ 나는 대표자가 되는 것은 부담스럽
　고 잘 되어도 2인자 정도가 좋다.

《출처》『So You Want to Be a Consultant!』 Henry Goldstein, CFRE, 2006, AFP, 재편집

자유를 선택하기 전에 고민할 사항

동일한 환경이라도 사람마다 받아들이는 인지는 다르기 마련이다. 조직에서 반복되는 일상을 안정감으로 인지하는 사람이 있는가 하면, 답답함으로 인지하는 사람도 있다. 현대사회의 많은 조직이 그러하듯 비영리조직도 경쟁이 심해졌고 업무강도가 거세졌다. 상황이 이렇다 보니 답답한 조직을 벗어나 '프리'한 일상을 꿈꾸는 사람들이 많아지고 있다.

조직을 떠나면 정말 자유로워질까? 많은 사람들이 조직을 떠나면 자신의 업무와 일정을 자신이 선택할 수 있으니 자유로울 것이라 기대하지만, 프리랜서란 선택하는 존재가 아니다. 누군가로부터 선택받아야 존재하는 직업이다.

2018년 D언론에 의하면 퇴사를 후회한 직장인은 48%, 2017년 H언론에 의하면 34.5%로 타나났고, 연령대가 높을수록 '후회 응답'은 더 높아졌다. 조직에 있으면 나가고 싶고 나가 있으면 조직에 들어가고 싶은게 사람 마음이라지만, 중요한 결정을 하기 전 충분히 숙고할 일이다.

비영리단체의
컨설팅 가이드북

◆

A Guidebook for Consulting on Nonprofits.

Chapter II.

컨설팅업(業)의 이해

성공사례로 자신감을,
실패사례로 시사점을 제공하라!

컨설팅업(業)의 특징

컨설턴트는 꽤 매력적인 직업이다. 보통 '직업'의 직(職)은 형식을 의미하고 업(業)은 역할을 의미한다. 그렇다면 컨설팅이라는 직업의 본질에 해당하는 '컨설팅업(業)'의 특징은 무엇이 있을까?

컨설팅업(業)의 특징

1. 이론과 '현장 경험'을 모두 겸비한 전문 서비스

컨설팅은 이론지식과 경험지식 모두가 필요한 업(業)이다. 따라서 컨설턴트는 이 두 가지를 균형적으로 보유하기 위해 이론학습을 꾸준히 함은 물론 현장과 가까이 지내는 것이 좋다. 이론에 치우치는 컨설팅은 공허한 당위의 설파가 되고, 현장에 치우친 컨설팅은 주관적 경험의 나열이 된다.

2. 외부인의 입장에서 조언하는 자문 서비스

컨설턴트는 어디까지나 외부인의 시각에서 방향을 제시하는 사람이다. 권한은 없으면서 책임을 느끼는 역할인 동시에 책임자는 아닌 특수한 포지션이다. 따라서 컨설턴트는 이 경계를 잘 이해할 필요가 있다. 조직 내부로 너무 깊이 들어가면 객관성을 잃게 되고, 반면 겉돌게 되면 컨설팅의 실효성은 떨어진다.

3. 주어진 시간 내에 문제를 해결하는 한시적 서비스

컨설팅은 특정한 기간으로 한정되는 특수 과업이다. 이는 주어진 시간 내의 문제해결을 뜻하며, 자원배분과 시간관리의 싸움에 직면하게 됨을 의미한다. 따라서 컨설턴트는 판단력, 분석력, 해결력 등 자신의 자산을 한정된 시간 내에 잘 배치하고 집중하는 관리능력이 필요하며, 때에 따라 필요한 인력을 섭외하고 팀워크를 형성하는 리더십이 요구된다.

4. 낯선 사람과 낯선 분야를 대면하는 감정 서비스

컨설팅은 낯선 사람과 만나 새로운 관계를 반복 형성한다는 특성이 있다. 또 생소한 분야에서 컨설팅을 요청하는 경우도 있다. 새로운 대상을 만나고 관계를 맺어가는 일은 컨설팅업을 수행하는 동안 계속 반복되므로 지적(知的) 역량뿐 아니라 감정적 역량이 꾸준히 소비되는 업(業)이다.

《출처》『컨설팅 프로세스』, 조민호, 설중웅, 1999, 도서출판 새로운 제안, 재편집

컨설턴트의 윤리

커리어 컨설턴트, 부동산 컨설턴트, 안전 컨설턴트 등 윤리강령을 채택하고 있는 타 업계의 내용을 참조하여 비영리단체 컨설턴트의 윤리강령을 도출해보면 다음과 같다.

1. 컨설턴트는 자신의 경력을 애매하게 표현하거나 과대포장하여 의뢰인의 판단을 흐리게 해서는 안 된다.
2. 컨설턴트는 파악하지 못한 단체의 컨설팅이나 확신 없는 업무를 수탁받거나 착수해서는 안 된다.
3. 컨설턴트는 수탁한 컨설팅 과업의 '핵심업무'를 타인에게 재하청해서는 안 된다.
4. 컨설턴트는 컨설팅을 통해 알게 된 의뢰인(단체)의 내밀한 문제와 정보를 누설, 악용하지 않는다.
5. 컨설턴트는 사전협의와 계약에 의해 정해진 보수를 받으며 결과에 따른 성공사례비 등을 받지 않는다.
6. 컨설턴트는 자신의 수익보다 의뢰인(단체)의 편익과 효과성을 우선적으로 고민해야 한다.

☞ 컨설턴트를 관리하는 지원사업의 담당자들도 컨설턴트와 마찬가지로 사업설계와 착수시점에서 위의 윤리적 사항을 고려해야 한다.

컨설팅의 종류는 무엇이 있을까?

컨설팅의 종류는 수없이 많다. 업계마다 특성과 기준, 용어가 다르다. '비영리 영역의 컨설팅'은 산업화되지 않아 적확한 구분의 제시가 어렵지만, 사회의 통상적 구분과 비영리 영역의 특성을 고려하여 다음으로 구분하면 정리에 도움이 될 것이다.

컨설팅의 종류와 정의

1. 조직 컨설팅

◦ 조직설립	조직 설립을 준비하거나 추진할 때 필요한 제도적/비제도적 요소를 기획하는 컨설팅
◦ 비전수립	조직컨설팅의 기본으로 조직의 미션/비전/중장기 목표를 도출하는 컨설팅
◦ 전략개발	조직의 목적, 사업의 목표 성취를 위해 효과적인 방법론을 개발하는 컨설팅

◦ 성과측정	조직의 평가체계를 수립하고 그 요소인 측정지표 도출을 설계하는 컨설팅
◦ 직무분석	구성원의 소질과 역량을 분석하여 실행(사무)단위 편제를 재구성하는 컨설팅
◦ 인사관리	구성원의 특성에 적합한 보상·승진·교육 등의 관리체계를 기획하는 컨설팅
◦ 갈등해결	구성원의 갈등의 원인을 진단하고 소통과 협의를 통해 해결하는 컨설팅
◦ 조직문화	작게는 팀빌딩, 넓게는 조직문화 등의 비제도적 영역을 활성화하는 컨설팅
◦ ICT전산	전자결재, 인트라넷, 스마트워크 등 온라인 시스템을 구축 적용하는 컨설팅

☞ 조직 컨설팅에 도움이 되는 자료: 단체설립을 위한 실무 안내서(충남공익활동지원센터), 개인과 조직이 함께 성장하는 질문과 대화 워크북(더이음), NPO책무성을 위한 자가진단표(공익네트워크 우리는), NPO인사노무 길라잡이(서울시NPO지원센터), 누가 만들어주면 좋겠는데 누가 만들어주는게 아니니까 (   )이/가 직접 만드는 조직문화(한국여성민우회)

2. 직무 컨설팅

◦ 사업기획	사업의 타당성, 효과성, 현실성 등을 점검하며 기획을 지원하는 컨설팅
◦ 성과측정	사업의 평가체계를 수립하고 그 요소인 측정지표 도출을 설계하는 컨설팅
◦ 회계세무	조직의 전반적인 회계업무를 점검하고 세무신고, 절세 등을 지원하는 컨설팅

◦ 홍보소통	이해관계자와의 효과적인 소통방법과 관계 관리를 기획, 제안하는 컨설팅
◦ 마케팅	사업의 성공을 위해 제공해야 하는 메시지를 효과적으로 기획하는 컨설팅
◦ 자원개발	후원금 모금과 후원물품 모집을 위한 일련의 계획과 실행을 지원하는 컨설팅
◦ 교육설계	내외부 교육 프로그램의 기획, 운영, 평가 등을 설계하고 구조화하는 컨설팅
◦ 사업지원	전반적인 사업의 과정에 개입하여 사업의 방향설정과 성과의 도출을 돕고 지원하는 컨설팅

☞ 직무 컨설팅에 도움이 되는 자료: 변화이론이 뭐에요?(서울시NPO지원센터), 한눈에 살펴보는 비영리세무회계(장진혁), 비영리 홍보마케팅의 기본(서울시NPO지원센터), 성공하는 모금제안의 기술(김재춘), 학습기획자를 위한 활용서(서울시평생교육진흥원)

 해 보 니 까   이 럴 더 라

조직(운영) & 직무(사업)

의뢰인(단체)의 욕구와 문제의 성격에 따라 개념적으로 조직 컨설팅, 직무 컨설팅의 구분이 가능하겠으나 현장에서 이 두 가지를 배타적으로 구분하기란 쉬운 일이 아니다. 직무의 문제는 결국 조직 전반과 연계되어 있고, 조직 전반의 변화는 다시 직무의 변화로 이어지기 때문이다. 따라서 조직 컨설턴트는 직무와의 연계성에 대해 조언할 수 있어야 하고, 직무 컨설턴트는 조직운영에 대한 식견이 있어야 컨설팅의 효과가 증진된다. 컨설턴트의 전문성이란 자기 분야만 알고 있다고 해서 완성되지 않으며, 자신의 것과 타인의 것 사이의 연관성을 설명할 때 완성된다.

☞ 컨설턴트를 관리하는 지원사업의 담당자들은 해당 사업에 투입되는 컨설턴트의 전문성이 어디에 있는지를 사전에 확인하고, 조직 전문가와 사업 전문가가 서로 소통하여 상호 학습할 수 있는 시간을 확보해야 한다.

컨설팅 방법에 따른 컨설턴트의 정체성

컨설팅에는 여러 역할이 존재한다. 어떤 접근방법을 택하는지에 따라 구체적인 역할도 달라지기 마련이다. 무언가를 변화시키기 위한 다양한 '지적(知的) 방법론'을 컨설팅의 프레임으로 바라본다면 다음의 몇 가지로 정리해 볼 수 있다. 체계가 유연하고 문제가 복합적인 비영리 영역의 특성상, 강사의 전달력, 촉진자의 소통력, 상담사의 분석력 등 다양한 역할과 역량이 요구된다.

다양한 컨설팅 방법과 컨설턴트의 정체성

1. 강의(Lecture) : 강사

대부분의 컨설팅은 교육으로 시작한다. 컨설팅 과정에 있어 교육 과정은 컨설팅의 세계관을 전제하는 중요한 시작점이다. 컨설팅 참여자가 기초적인 관점과 지식을 이해할 수 없다면 컨설팅은 부실해진다. 이런 이유로 컨설턴트는 강사의 정체성을 겸하는 것이 좋다. '사람들 앞에 서는 강사 역할은 부담되니 나는 컨설팅만 하겠다'는 말은 컨설팅의 효과를 제한하는 시각이다.

2. 워크숍(Workshop) : 촉진자

일방적인 전달식 교육이 아닌 상향식의 토론형 교육이 필요할 때, 나아가 토론을 통해 내용을 모으고 무언가를 결정하는 공론의 공간에서 필요한 것은 참석자의 의사를 촉진하는 역할이다. 흔히 워크숍·공론장으로 불리는 이 과정에서 컨설턴트는 자기의 주장을 자제하는 한편 참석자의 의견을 효과적으로 도출하는 촉진자(Facilitator)의 역량을 구사할 필요가 있다.

3. 상담(Counselling) : 상담사

컨설팅을 생각할 때 가장 먼저 떠오르는 전형적인 방식인 동시에 가장 난이도가 높은 방식이다. 흔히 상담이란 소규모의 참석자들이 한 테이블에서 컨설턴트와 주고받는 대화 형태를 말한다. 화려한 언변이나 멋지게 꾸민 슬라이드에 의존하지 않은 채, 참석자가 면전에서 토로하는 고민과 문제를 즉시 해소하는 방식이다. 일정한 수준에 도달하지 않은 컨설턴트라면 자칫 무의미한 대화로 흐를 수 있어 주의가 요구된다.

4. 조사연구(Research) : 연구자

최근 현장형 연구, 참여형 연구, 질적 연구가 부쩍 확산되며 현장 전문가들의 수요가 많아졌다. 전통적인 학계의 전문성보다는 현장 친화적인 지식과 이론이 필요해진 까닭이다. 오래된 기준에 의하면 연구는 컨설팅과 관계가 없는 것처럼 여겨졌으나, 최근에 대두되는 복잡한 사회문제와 복합적 조직문제를 해결하기 위해서 이 둘의 결합은 갈수록 긴요해지고 있다. 학위에 관계없이, 연구역량이 있다면 컨설팅과의 시너지는 배가된다.

5. 기타 : 멘토, 코치

그밖에도 멘토링, 코칭, 자문 등이 컨설팅 과정에서 시도 가능한 방법이다. 컨설턴트의 개인적 특성과 강점 그리고 상황별 필요에 따라 어떠한 접근방법이 효과적일지 판단하고 그에 맞게 적절히 구사할 수 있어야 한다. 다음의 표를 직접 그려보며 자신에게 부족한 역량이 무엇인지를 살펴보는 것도 좋다. 아래의 표에 자신의 역량을 그려보자.

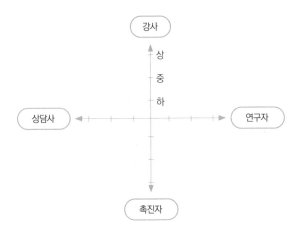

 해 보 니 까   이 렇 더 라

실패하지 않는 컨설팅을 위한 다짐

컨설턴트가 의뢰인에 대한 존중심을 잃어버리는 순간 둘의 관계는 '비용을 받고 솔루션을 판매하는 거래관계'로 전락한다. 파트너로 혹은 동료로 관계가 형성되려면 어떠한 상황에서도 의뢰인에 대한 존중심을 견지해야 한다.

∘ 컨설턴트는 상대방에게 무언가를 알려줘야 하지만 가르쳐서는 안 된다.
∘ 컨설턴트는 자신이 하고 싶은 말만 하거나 상대방이 듣고 싶은 말만 해서는 안 된다.
∘ 컨설팅 과정에 참여한 후 누구라도 기분이 상했다면 성공한 컨설팅이라 할 수 없다.

《출처》 2018년 OO시 복지재단 컨설팅 지원사업 컨설턴트 평가회의 결과. 재편집

컨설팅의 두 가지 접근, 규칙 vs 원리

컨설팅의 전체 과정에서 규칙(Rule)을 강조할 것인지, 아니면 원리(Principle)를 강조할 것인지에 따라 컨설팅의 방법론과 온도는 달라진다. '규칙기반의 컨설팅'의 장점도 있고 '원리기반의 컨설팅'의 장점도 있다. 이 둘의 차이와 특성을 파악하여 규칙과 원리가 조화로운 컨설팅을 기획하기 바란다.

컨설팅의 두 가지 접근

1. 규칙기반(Rule-based) 컨설팅

규칙기반의 컨설팅은, 특정한 기준을 컨설턴트가 미리 세팅한 상태에서 의뢰인의 문제를 풀어가는 접근법을 말한다. 가령, 의뢰인이 평가지표를 만들고자 요청할 때 이미 세상에 존재하는 지표체계를 의뢰인에게 제공하여 적용하도록 지원하는 방식이다. 선명한 해결책을 단기간에 제공할 수 있는 장점이 있지만, 해당 조직에 적합지 않는 내용을 제공할 수 있어 적합성 여부를 판단하는 안목이 중시된다.

규칙기반의 컨설팅은 객관성과 공정성의 관점에서 외부 컨설팅 전문기관을 통해 특정한 기준을 강제함으로써 소기의 목적을 성취하려는 방식으로 사용되므로 위계가 있는 기업체에 어울린다. 규칙기반 컨설팅은 때때로 구성원이 저항하는 경우가 발생하고 이는 근원적 변화를 방해하는 요소가 되기도 한다. 반면 관료화되고 매너리즘에 빠진 조직을 다소 강제적으로라도 변화시키기 위해 불가피한 접근이라는 견해도 있다.

2. 원리기반(Principle-based) 컨설팅

원리기반의 컨설팅은, 누군가 만들어 놓은 특정한 기준을 있는 그대로 적용하지 않고 구성원 모두가 참여하는 과정을 통해 스스로의 기준을 컨설턴트와 함께 만들어가는 접근이다. 흔히 교육, 워크숍, FGI 등을 통해 구현하는 원리기반 컨설팅은 상향식 소통의 특성이 있어 참여자의 만족도가 높고 컨설턴트의 리더십이 중시된다.

원리기반의 컨설팅은 참여자의 적극성이 요구되는 방식이므로, 현장의 과중한 업무로 인해 참여자가 피로감을 호소하거나 소극적으로 참여하는 경우가 발생하여 컨설팅의 질 관리가 어렵다는 측면이 있다. 이따금 컨설팅의 방향이 통제되지 않아 의도치 않은 결과가 나올 때도 있다. 무엇보다 원리기반의 컨설팅은 컨설턴트의 역량과 성향에 따라 컨설팅의 좌우되는 특성이 있어 컨설턴트가 누구인지가 컨설팅 성패의 중요한 변수로 작용한다.

규칙기반 컨설팅과 원리기반 컨설팅의 비교

	장점	단점
규칙기반 컨설팅	매뉴얼, 문서양식, 지침 등 이미 정해 놓은 규칙을 조직에 이식하는 방식이라 컨설팅의 과정이 명료하다.	일방향적 전달방식이라 현장 적용이 어렵거나 거부감이 불거질 수 있다.
원리기반 컨설팅	구성원이 참여하여 함께 만들어가는 방식이라 결과에 대한 만족도는 대체로 높은 편이다.	계획대로 진행되지 않는 경우가 있고 컨설턴트 역량의 의존도가 높아 위험부담이 있다.

 해 보 니 까 이 렇 더 라

실행 중심 vs 성과 중심

또 다른 측면으로 음미할만한 컨설팅의 두 가지 접근은 바로 '실행 중심의 컨설팅인가', '성과 중심의 컨설팅인가'의 문제다. 컨설팅을 수행하는 것 자체가 목적이라면 '실행 중심의 컨설팅', 컨설팅이라는 수단을 통해 어떤 변화를 추구함이 목적이라면 '성과 중심의 컨설팅'이라 할 수 있다.

흔히 실행 중심의 컨설팅이라면, 컨설팅 수행 자체가 중요해지므로 컨설팅의 횟수나 참석자 숫자 등의 정량적 성과가 중시된다. 반면 성과 중심의 컨설팅이라면, 컨설팅의 횟수보다 얼마나 실제적인 문제해결이 있었는지가 중요하게 대두된다. 둘 중 어떤 것이 되어야 할지 기획단계에서의 판단이 요구된다.

컨설팅 종료 후 무엇이 남을까?

비영리 영역에서 컨설팅 활동을 한다고 해서 갑자기 많은 보상이 뒤따르는 것은 아니다. 현장의 문제는 생각보다 까다롭고 사람들의 주장은 타협이 어려운 편이라 컨설팅 과정은 항상 고충이 뒤따른다. 힘겨운 과정을 모두 마치고 난 뒤 가끔 드는 생각. '컨설팅 종료 후 남는 것은 무엇이며 컨설턴트는 무엇을 남겨야 하는가?'

컨설팅 후에 남는 것

성취감(Achievement)

컨설팅이 끝난 후 가장 먼저 느끼는 컨설턴트의 감정은 아마도 성취감일 것이다. 어떠한 배경에도 의존하지 않은 채 온전히 자신의 역량으로 큰 변화를 이루어냈다는 뿌듯함은 컨설턴트만이 누리는 특별한 동기유발제이다.

보상(Reward)

모든 컨설팅은 컨설팅이 끝난 후 보상이 제공된다. 금전적 비용이 일반적이지만 자원봉사였다면 인정적 보상이 주어질 것이다. 컨설턴트는 보상을 통해 실체적 보람을 확인하게 되므로 결과에 대한 보상이 궁금하다면 사전에 확인하는 것이 낫다.

관계(Relationship)

컨설팅 과정 중 알게 된 많은 사람들이 있을 것이다. 그들과의 관계는 현재와 미래에 있어서 중요한 자산이며 현실적 토대가 된다. 만일 컨설턴트의 역할을 계속할 생각이라면 컨설팅을 통해 형성한 관계를 지속적으로 관리하는 것이 좋다.

평판(Reputation)

컨설팅이 끝나고 나면 컨설팅의 결과와 컨설턴트의 이미지가 남는다. 컨설팅의 결과는 컨설턴트의 이미지와 함께 축적되어 컨설턴트의 평판으로 만들어진다. 컨설턴트의 말투나 태도, 비언어적 습관, 옷차림과 외모 등은 컨설팅의 본질과는 거리가 있지만 평판을 구성하는 재료로 작용한다.

피로감(Fatigue)

컨설턴트를 찾아오는 사람은 '문제'나 '과제'의 해결을 바란다. 따라서 컨설턴트는 항상 문제와 과제에 몰입해야 한다. 컨설팅을 많이 한다는 사실은 그만큼 타인의 문제를 많이 내면화했음을 뜻하기에 정신적, 신체적 피로감은 축적된다.

해 보 니 까   이 렇 더 라

컨설턴트의 편향

비영리조직의 특성상 컨설팅은 사기업보다 어려울 때가 더 많다. 옳고 그름을 판단해야 하나 당위적으로 설명해서는 안 되고, 상대의 변화를 촉진해야 하지만 모멸감을 주어서는 안 되며, 해결책을 제시해야 하지만 꼭 정답이 아닐 수 있어 조심스럽다. 이렇게 고려할 것이 많은 상황은 컨설턴트로 하여금 매우 높은 수준의 균형감을 요구한다. 편향된 컨설턴트는 어떤 모습으로 나타나는지 음미해 보자.

∘ 해박한 지식과 날카로운 안목으로 무언가를 지적하려는 컨설턴트
∘ 전문가 대접을 바라며, 주도권을 빼앗기면 패배감이 드는 컨설턴트
∘ 의뢰인의 고민에 대해 공감하고 격려로만 그쳐 해결책이 없는 컨설턴트
∘ 의뢰인과 논쟁을 즐기며 옳고 그름을 꼭 따져야 속이 후련한 컨설턴트
∘ 의뢰인이 시도했던 노력을 습관적으로 평가하는 컨설턴트

컨설턴트 저마다 나타나는 편향은 다르다. 위와 같이 나열된 실수를 방지하기 위해 컨설턴트는 자신의 스타일이 어떤지 성찰해야 한다. 상대를 관찰하며 자신을 성찰할 때 통찰이 온다.

☞ 컨설턴트를 관리하는 지원사업의 담당자들은 해당 사업에 투입되는 컨설턴트를 대상으로 사전 오리엔테이션을 가지는 것이 좋다. 사업에 대한 이해를 증진하는 시간도 물론 중요하지만, 컨설턴트의 편향 사례를 공유함으로써 컨설팅 과정에서 불거질 수 있는 문제를 최소화할 수 있다.

Chapter Ⅱ. 컨설팅업(業)의 이해

컨설턴트는 왜 지치는 것일까?

컨설턴트가 소진되면 성장은 멈추고 컨설팅의 질은 떨어진다. 컨설팅은 사람이 직접 대면하여 제공하는 서비스다. 때문에 컨설턴트의 정신적, 신체적 상태는 중요한 이슈로 다루어질 필요가 있다. 컨설턴트를 지치게 하는 것은 무엇일까? 원인을 안다면 관리도 가능하다.

컨설턴트 소진(Burn-out)의 원인

낯선 관계의 연속

컨설턴트는 생소한 사람들과의 만남의 연속이므로 컨설턴트 자신도 모르게 감정노동을 일상적으로 반복하며 지친다.

문제 상황과의 대면

컨설턴트는 해결이 필요한 문제를 풀어야 하는 직업이라 항상 복잡하고 생소한 문제 상황에 직면하며 소진된다.

정체성과 책임성

컨설턴트는 외부인이며 결정권자는 아니지만 의뢰한 사안에 있어서는 중요한 키플레이어가 되므로 무거운 책임감에 시달린다.

신념의 내적 갈등

컨설턴트는 주장하는 사람이 아니라 경청하고 해결해야 하는 사람이므로 신념과 반하는 인지부조화를 겪으며 갈등한다.

체력의 고갈

컨설턴트는 의뢰인이나 의뢰기관을 방문하여 서비스를 제공하는 직업이므로 일정이 많아지면 체력적으로 고갈되며 지친다.

 해 보 니 까 이 럴 더 라

컨설턴트의 번아웃을 예방하자!

다음의 체크리스트 중 세 개 이상 선택했다면 당신은 일을 줄이고 휴식을 가질 필요가 있다. 특히 프리랜서형 컨설턴트라면 꼭 체크해 보기 바란다.

컨설턴트의 번아웃 체크리스트
- 오늘 예정된 일정이 있는데 자리에서 일어나기가 싫다.
- 돈을 조금 주는 일이라 귀찮게 느껴지고 그 기관이 미워진다.
- 의뢰기관이 나를 홀대하고 무시해서 화가 날 때가 많아졌다.
- 준비한 콘텐츠의 100%를 쏟아내지 않고 적당히 하고 온다.
- 강의나 워크숍을 진행하는 동안에도 좀처럼 웃음이 나오지 않는다.
- 강의 워크숍 상담을 하는 도중에 '빨리 끝내고 싶다'는 생각이 든다.

Chapter III.

컨설팅의 프로세스

새로운 툴은 환영받지만
오래된 툴은 사랑받는다.

컨설팅의 일반적 흐름은 어떻게 될까?

컨설팅 프로젝트가 성사되는 일반적인 흐름은 다음과 같다. 특히 프리랜서형(形) 컨설턴트라면 아래의 흐름에서 크게 벗어나지 않는다.

컨설팅의 일반적 단계

1. 의뢰 (어디선가 연락이)

컨설턴트는 선택받아야 하는 사람이라 컨설팅은 누군가의 의뢰로부터 시작된다. 프리랜서라면 개인적으로 연락이 올 것이고, 조직에 소속된 사람이라면 조직의 어떤 라인을 통해 소식이 들려온다. 컨설팅의 의뢰는 중간관리자급 이상으로부터 문의 오는 경우가 많다.

2. 접촉 (한 번 만나실래요?)

처음 만나는 초동미팅에서 의뢰인이 가지고 있는 고민을 경청하는 시간은 컨설팅 과업의 기본전제다. 어떤 컨설팅을 바라고 있는지에 대한 것뿐만 아니라, 컨설팅을 실제로 수행할 것인지 여부가 이 대화를 통해 판가름 난다 해도 과언이 아니다. 접촉단계에서 확인해야 할 요소는, 해결할 문제, 컨설팅 방법, 예산 범위, 컨설팅 기간 등이다.

3. 조사 (이곳은 어떤 곳일까?)

접촉단계의 결과가 긍정적이라면 이제 의뢰인에게 자신의 솔루션을 제시해야 할 차례다. 컨설팅 계획서(제안서)를 맞춤형 프로그램으로 수립하기 위해 관련된 자료를 자체적으로 조사하고 재구성해 보는 시간이다. 이때 의뢰인에게 관련 자료를 요청할 수 있다.

4. 설계 (필승의 작전을 짜자)

제안서가 의뢰인에 의해 동의 되었다면 이제 구체적인 과정의 프로그램을 설계할 차례다. 이 단계는 매우 실제적인 계획의 영역으로, 컨설턴트의 내밀한 전략이 요구되는 단계이다. 어떠한 접근과 방법론을 이용할 것인지에 대해 고민하는 이 단계에 따라 컨설팅의 품질은 달라진다. 이 단계에서 요구되는 것은 구체적이고 참신한 방법론이다.

5. 계약 (행복감이 최고조일 때!)

제안서를 제공했고 의뢰한 기관에서 내부 검토를 거쳐 최종 승인을 하면 계약의 단계로 넘어간다. 이때 과업의 목적, 내용, 기간, 비용 등의 이슈가 마무리된다. 특히 프리랜서라면 4번까지의 단계를 통해 내용, 기간, 비용 등이 조절되기도 한다.

6. 수행 (공식적인 실행의 단계)

수행단계는 강의로부터 시작하는 경우가 흔하지만, 출발부터 워크숍이나 상담의 형식으로 진행하는 경우도 있다. 컨설팅은 사람이 만들어가는 과정이라 변수가 많다. 계획대로 흘러가지 않을 수 있다는 가능성을 항상 염두에 두며 플랜B를 준비해야 한다. 컨설팅 수행으로 얻는 교훈을 다음 컨설팅의 가늠자로 삼는 습관은 다음의 시행착오를 줄이는데 도움을 준다.

7. 보고 (수행만큼 중요한 보고서)

아무리 수행을 잘했더라도 정리가 안 된다면 컨설팅은 반쪽짜리가 된다. 혹시 수행에서 미흡한 점이 있었더라도 보고서를 통해 해석적 의미부여를 잘하면 만회도 가능하다. 보고서는 컨설턴트가 투입했던 모든 실행에 의미를 부여하며 구조화하는 작업인 동시에 컨설턴트의 미흡함을 보완할 수 있는 구원투수에 가깝다.

 해 보 니 까   이 렇 더 라

의뢰인의 취향

의뢰인의 취향에 따라 컨설턴트에게 요구하는 바가 다르게 나타난다.

1. 의뢰인은 문제의 해결에 관심이 있는지, 아니면 컨설팅을 받는 것 자체에 의미를 두는지
2. 의뢰인은 컨설턴트와 만나 소통하는 사전단계를 길게 바라는지, 아니면 즉시 컨설팅을 착수하길 원하는지
3. 의뢰인은 자신이 그동안 했던 노력에 대한 인정을 바라는지, 아니면 컨설턴트가 방향성을 제시해주길 바라는지

Chapter III. 컨설팅의 프로세스

컨설팅 제안서를 작성하자

앞 페이지의 '컨설팅의 일반적 단계' 중 ③번 '조사 단계'에서 작성하는 컨설팅의 제안서는 표준화된 양식이 존재하지 않지만, 대개 아래 항목을 순차적으로 목록화하고 있다.

컨설팅 제안서 구성

① 과업 제목	과업의 제목은 그 목적이 직관적으로 드러나는 명료함이 좋다. 실행 중심의 컨설팅이라면 제목은 흔히 '000 컨설팅 사업'으로 표시되고, 성과 중심의 컨설팅이라면 '000 변화지원 사업', '000 역량 강화 사업' 등으로 표시되는 것이 일반적이다.
② 제기 배경	제기 배경은 이 과업의 타당성을 부여하는 중요한 사전단계이다. 내외부의 환경을 분석한 자료나 도출된 문제, 과제에 대한 필요성을 설명하여 과업 목적에 명분을 강화한다. 한마디로, 왜 컨설팅이어야 하는지에 대한 답이 제기 배경에 해당하는 내용이다.

③ 과업 목적	컨설팅 과업의 목적은 명료할수록 좋다. 컨설팅은 무언가의 변화를 지향하는 행위이므로 추상적인 수준의 결과로 이어진다. 컨설팅을 수행하는 것 자체가 목적인 실행 중심의 컨설팅인지, 아니면 컨설팅을 통해 변화를 추구하는 성과 중심의 컨설팅인지를 구분해야 하며 상황에 따라 정량적 목표와 정성적 목표로 구분해 작성하는 것도 좋다.
④ 과업 방법	과업의 방법을 작성함에 있어 단순히 컨설팅이라고 표현하는 경우가 흔하다. 구체성을 고려한다면 컨설팅 방법론을 강의, 워크숍, 상담 등으로 다채롭게 구성하는 것도 좋다. 나아가, 강의나 워크숍은 그 주제를 단계별로 구성하고 각 단계마다 어느 범위까지를 참석대상으로 할 것인지를 제시하면 더 명료해진다.
⑤ 과업 기간	개괄적 수준에서 과업의 기간을 제시할 수 있다. 컨설팅 사업의 특성상 단기간인 컨설팅 과업도 가능하나 대개 중장기적 기간으로 설정한다.
⑥ 투입 인력	컨설턴트의 투입 계획을 작성하는 단계이다. 일반적으로 총괄적인 책임 컨설턴트와 공동 컨설턴트를 구분한다. 투입되는 컨설턴트를 다시 메인 컨설턴트와 보조 컨설턴트로 구분하거나 내부 컨설턴트와 외부 컨설턴트 등으로 상황에 따라 구분해 표시할 수 있다.
⑦ 시간 계획	일의 순서를 의미한다. 과업 협의, 컨설팅 기획, 컨설턴트 사전 교육, 컨설팅 수행, 중간평가, 컨설팅 수행, 평가 회의, 최종 보고 등의 일반적인 순서를 따른다.
⑧ 결과 보고	보고는 크게 착수보고, 중간보고, 결과보고 등으로 구분되며 외뢰인의 요청에 따라 늘리거나 생략할 수 있다. 결과 보고의 경우 발표회 형식인지, 대면 보고 형식인지, 서면 보고 형식인지 등을 협의할 필요가 있으며, 결과에 대해 의뢰인이 불만족할 경우 어떤 대안이 있을지 사전에 점검이 필요하다.

⑨ 비용 제안
(프리랜서에
만 해당)

컨설팅 비용 요율이 일반화되지 않아 다음의 몇 가지 방법으로 제시할 수 있다. 첫째 강의비 요율을 동일하게 적용하는 방법, 둘째 컨설팅 단가를 임의로 설정해 시간별로 계산해 제시하는 방법, 셋째 학술연구용역의 요율로 적용하는 방법, 넷째 과업 전체 예산을 먼저 확정한 후 컨설팅 비용을 역으로 계산해 제시하는 방법이다.

 해 보 니 까   이 렇 더 라

제안서에서 가장 중요한 항목은?

의뢰인의 취향에 따라 컨설턴트에게 요구하는 바는 다르게 나타난다.

의뢰인이 컨설팅의 효과성을 위해 가장 신경 쓰는 것은 과업의 '활동방법', 말하자면, 프로그램이다. 따라서 참신하고 세련된 방법론으로 프로그램을 구성하면 컨설팅은 성료될 것으로 여겨지기 쉽다. 그런데 컨설팅이 마무리될 때 불만족이 주로 제기되는 대목은 프로그램과 같은 방법론의 결과가 아니라 '컨설팅 목적의 성취 여부'가 더 많다.

다시 말해 컨설팅 본연의 목적·목표가 기대했던 대로 성취되었는지가 단연코 더 중요하다. 그러므로 컨설팅 준비단계에서 '과업 목적'을 형식적으로 설정하지 말고 실체적으로 언어화해야 함은 물론, 이를 의뢰인과 구체적으로 점검하며 진행하는 세심함은 결코 가볍게 넘길 일이 아니다. 이에 따라 컨설팅 계약서에 날인 전 다음을 꼭 확인하자.

착수(계약) 전 확인 사항
- 과업의 정확한 범위(정량적 결과와 정성적 결과 모두 확인)
- 과업의 수준(기초적 수준인지 구체적 수준인지)
- 결과가 기대에 못 미칠 경우의 대책(계약기간 연장 혹은 대체하여 제공할 사항 등)
- 정량 성과를 채우지 못할 경우 잔금의 처리 대책
- 기타 할 수 있는 것과 할 수 없는 것 명시

컨설팅 수행단계의 공통절차

앞 '컨설팅의 일반적 단계' 중 ⑥번 '수행 단계'는 다양한 방법론을 필요로 한다. 흔히 강의, 워크숍, 상담 등으로, 각 방법론마다 세부단계와 별도의 역량이 요구된다. 가령 강의에서는 콘텐츠 개발과 전달력, 워크숍에서는 의견조율과 소통력 등 갖추어야할 역량의 범위는 한계가 없지만, 컨설팅의 모든 역량은 결국 '문제해결능력'으로 귀결된다. 이 장에서는 컨설팅 본연의 의미에 가까운 '분석의 역량'을 중심으로 수행단계에서의 문제해결을 시도해보고자 한다.

컨설팅 수행단계의 세부절차(분석의 관점으로)

1) 환경 분석(Environmental Scanning)

의뢰인(기관)이 가지고 있는 문제가 무엇인지 파악하기 위해 환경과 현장을 관찰하는 단계다. 이 맥락에서 환경 분석이란 환경에 대한 객관적인 분석뿐만 아니라 구성원들이 주변 환경에 대해 인식하고 있는 문제를 꺼내봄으로써 인식지형을 살펴보는 내재적 접근도 포함한다.

2) 문제 정의(Problem Definition)

환경 분석 단계가 성공적으로 수행되었다면 문제는 쉽게 정의된다. 환경 분석은 '외적 요소'와 '내적 요소'의 두 경로로 분석하는 접근이 일반적이다. 조직이 지니고 있는 대부분의 문제는 이 범주 안에 존재하고 있으므로 문제(혹은 과제)를 외적, 내적으로 구분하여 정의할 수 있다. 문제를 정의한다는 뜻은 현실적인 목적/목표를 도출한다는 의미이므로 컨설팅의 방향은 여기서 결정된다.

3) 방안 도출(Resolution Deduction)

방안을 도출하는 단계는 문제의 해결과 직결되는 단계이다. 다만 방안이 도출되었다 해서 즉시 해결하기란 어렵다. 따라서 이 단계에서는 문제해결이 무엇을 의미하는지 문제해결의 정의가 제시되어야 하며, 그 해결을 위해 어떠한 방향이 필요한지에 대한 언급이 현실적이다. '문제해결'은 당사자에게 해결의 동기를 부여하는 심리적 접근, 해결의 능력을 지원하는 인지적 접근, 환경적 변화에서 기회를 찾아주는 환경적 접근 등 다각적 검토가 가능하다(Perlman).

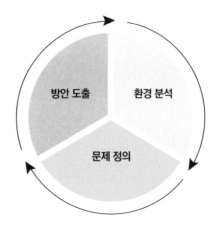

경험학습이론(Experiential Learning Theory)의 순환과정(Kolb, D. A)

컨설턴트는 자신의 프레임으로 세상을 바라보는 사람이다. 따라서 컨설팅의 프레임워크
(Framework)는 문제해결의 중요한 수단이자 컨설턴트의 역량이 된다. 이때 경험지식은 필
수적인 과정이 되기에 경험의 이론화가 어떤 과정을 통해 완성되는지 음미해 볼 필요가 있다.

1) 구체적인 체험: 현장을 체험하며 정보와 자극을 파악하며 몸으로 배우고 느끼는 단계
2) 성찰·관찰적 분석: 체험을 통해 접한 정보와 자극을 돌아보고 분석하여 정리하는 단계
3) 추상적인 개념화: 분석한 내용의 의미를 일반화하고 원리와 개념으로 이론화하는 단계
4) 활동 적용과 검증: 수립한 이론을 필요한 현장에 적용하고 검증해보는 실험의 단계

구체적인 체험은 성찰적 관찰의 근거를 제공하며 관찰은 다시 추상적 개념으로 환류되어 활
동의 방향과 교훈을 제공한다. 비영리 영역의 컨설턴트는 현장을 떠나 컨설팅을 수행할 수 없
는 사람이다. 특히 이론적 학문의 축적이 부족한 이 영역에서의 실력은 '얼마나 현장적인가'
라는 질문과 연관되어 있다.

컨설팅 수행단계의 공통절차 1) 환경 분석

앞에서 설명한 '컨설팅 수행단계의 세부절차'에서 그 첫 번째 단계는 **1) 환경 분석** 단계이다. 그렇다면 환경 분석 단계에서 가장 많이 사용하고 쉽게 적용 가능한 분석기법은 무엇일까?

① '내부 환경'을 분석하고자 할 때

3M 분석

3M 분석은 조직 내부의 전반을 살펴보는 가장 기본적인 도구다. 인력(Man), 자원(Material), 자금(Money)으로 구분하여 조직 내부의 상황과 역량을 진단해 보는 접근이다. 3M 분석은 경영(특히 제조업)에 기반한 기법이라 비영리적 관점과 다소 맞지 않을 수 있다. 이에 따라 '사회적 영향력(Impact)' 창출의 관점에서 제시된 조직의 내부 요소인 운영(Operation), 활동(Activity), 자원(Resource)을 활용하는 것도 하나의 대안이다(Marc Epstein). 운영은 조직 전반의 요소를, 활동은 사업과 서비스를, 자원은 인적 자원·물적 자

원·기반적 자원을 뜻하므로 이 항목에 따라 조직의 내부 요소를 체계적으로 토론해볼 수 있다.

PPM 사업 분석

PPM(Product Portfolio Management)은 보스턴컬설팅그룹(BCG)에서 개발한 프레임워크라 'BCG 매트릭스'로도 불린다. PPM을 분석을 통해 현재 수행하고 있는 사업의 미래를 분석하고 이에 따라 자원을 어떻게 분배할 것인지에 대한 합의점을 확인할 수 있다. 스타, 물음표, 현금원, 개를 선택함에 따라 별도의 전략을 도출하는 토론에 있어서도 유용한 매트릭스다. Star는 높은 성장과 확장을 뜻하며, Cash cow는 성장률은 낮지만 수익성이 높은 사업을, Question mark는 높은 성장률은 예견되나 리스크가 보이는 사업을, Dog는 재고해야 할 사업을 뜻하므로 조직의 사업을 쉽게 구분해보고자 할 때 유용하다. 사업의 전략적 의미를 살펴보기 위한 또다른 분석기법으로 워튼경영대학에서 개발한 맥밀란 매트릭스(MacMillan Matrix)도 고려할만 하다. 비영리조직에 특화된 이 분석기법은 사업의 미션정합성, 수행역량, 유사한 경쟁자, 사업매력도의 네 가지 요소를 살펴보는 방식이다.

PPM 분석 매트릭스

RFM 이용자 분석

고객관리를 뜻하는 CRM(Customer Relationship Management) 차원에서 고객의 분석을 위해 사용되는 분석기법이다. 비영리조직에서는 고객 대신 이용자 혹은 후원자로 변형하여 활용이 가능하다. R은 Recency(얼마나 최근인지), F는 Frequency(얼마나 빈번한지), M은 Monetary(얼마나 많은 양인지)를 상징하는 항목으로 이에 따라 이용자의 분석이 가능하다. 가령 어떤 후원자의 RFM 점수가 R=1, F=5, M=5라면 그 의미는 '정기적으로 오랫동안 기부하던 후원자가 최근에 후원금을 중단했다'로 해석할 수 있다. 이러한 해석에 근거하여 향후 관리방안과 전략 도출이 가능하다.

RFM 이용자 가치 분석표

	항목	의미	점수
R	Recency 최근성	얼마나 최근에 이용(후원)하였는가?	1~5
F	Frequency 빈도성	얼마나 자주 이용(후원)하였는가?	1~5
M	Monetary 규모도	총 얼마의 금액을 구매(후원)하였는가?	1~5

② '외부 환경'을 분석하고자 할 때

PEST 환경 분석

조직을 둘러싼 외부 환경을 정치(Political), 경제(Economic), 사회(Social), 기술(Technological)의 네 가지 관점에서 분석하는 기법이다(Francis J. Aguilar). 특히 거시적 관점의 사회변화를 목록화하여 관찰할 수 있는 장점이 있다. 최근에는 법·제도적인 측면(Legal) 및 환경·생태적 측면(Environmental) 을 추가한 PESTLE로 도입하여 한 차원 더 면밀히 관찰하려는 시도가 많아졌다. 이외에도 3C(Customer, Competitor, Company) 분석, 4P(Product, Price, Promotion, Place) 분석 등 환경분석을 위한 다양한 경영기법들이 존재하나 비영리의 현장에는 어울리지 않아 추천하지 않는다.

③ '내외부 환경'을 통합적으로 분석할 때

SWOT 분석

경영학의 대표적인 환경분석 기법인 SWOT 분석은 내외부의 환경을 통합적으로 조망할 때 편리하다. Strength(강점), Weakness(약점), Opportunity(기회), Threat(위기)의 네 가지 요소에 따라 외부의 기회와 위기를 관찰하며, 조직의 강점은 살리고 약점은 방어하는 전략의 수립뿐 아니라, 매트릭스에 따른 개별적 전략을 도출할 때 유용한 프레임워크다.

기본 SWOT 분석표

내부 요인: 조직의 역량			
강점 (Strength)	*조직이 잘 하는 것*	약점 (Weakness)	*조직이 잘 못하는 것*
외부 요인: 외부적 요소			
기회 (Opportunity)	*조직에게 유리한 것*	위기 (Threat)	*조직에게 불리한 것*

'기본 SWOT 분석에서 한 단계 나아간 '심화 SWOT'은 강점, 약점, 기회, 위기의 네 가지 영역의 매트릭스를 통해 실제 전략을 도출할 수 있도록 돕는다. '강점기회 전략'은 외부의 기회를 활용하기 위해 조직의 강점을 극대화하는 투자전략을, '강점위기 전략'은 외부의 위협요인을 회피하기 위해 약점을 극복하는 결정전략을, '약점기회 전략'은 외부의 기회를 활용하여 조직의 약점을 회피하는 방어전략을, '약점위기 전략'은 외부의 위협요인을 회피하고 약점을 최소화하는 제거전략을 뜻한다. 토론의 순서로는 ①②③④를 먼저 토론·공유한 후 a,b,c,d로 이어가는 것이 좋다.

심화 SWOT 분석표

		내부요인 운영·활동·자원 측면	
		① 강점	② 약점
외부요인 PESTLE 측면	③ 기회	a. 강점·기회 전략	b. 약점·기회 전략
		투자전략	방어전략
	④ 위기	c. 강점·위기 전략	d. 약점·위기 전략
		결정전략	제거전략

④ '개인적 유형'을 분석하고자 할 때

페르소나(Persona) 모형

심리학에서 본격화된 페르소나 모형(Alan Cooper)은 조직이나 프로그램의 이해관계자(이용자, 후원자 등)를 인터뷰 등으로 관찰하여 배경, 관계, 욕구 등의 다양한 항목에 맞게 정보를 재구조화하는 분석도구다(Olsen). 관찰로 획득한 정보를 통해 상징적 가상인물인 '전략적 타겟'을 도출하는 효용성이 있어 FGI와 같은 질적 연구에 사용되기도 한다. 정량화가 어려운 비영리단체의 분석단계에서 추상적 편린을 한눈에 비쥬얼로 제시할 수 있다는 장점이 있다.

페르소나 모형의 사례

	개인정보		
	홍길동(00세) 지역자치팀 지역공동체 담당 해당 업무 5년차, 총 6년 근무		

	제도적 측면		문화적 측면
현황	회의 개최 **4회** 정책 생산 **3회**	현황	리더십 구현 **4회** 협업문화 활력 **6회**
인식	목표달성도 **80%**	인식	개인만족도 **80%**

실행적 측면	우수사례 주안점
관심 사안 ＿＿＿＿＿＿ 참여 동기 ＿＿＿＿＿＿ 생활 패턴 ＿＿＿＿＿＿	기대 욕구 ＿＿＿＿＿＿ 만족 분야 ＿＿＿＿＿＿ 환경 변수 ＿＿＿＿＿＿

컨설팅 수행단계의 공통절차 2) 문제 정의

컨설팅 수행단계에서 두 번째 단계는 **2) 문제 정의** 단계이다. 문제 정의 단계에서 가장 많이 사용하고 쉽게 적용 가능한 분석기법을 알아보자.

① '문제를 나열'하고자 할 때

마인드맵

마인드맵(Mind Map)은 중심된 주제의 문제를 체계적으로 나열할 때 효과적인 기법이다(Tony Buzan). 특히, 모든 문제의 연계성을 전체의 지도를 보듯이 확인할 수 있다는 면이 장점이다. 더군다나 누구나 사용하기 쉽고 참여자에 따라 창의적으로 꾸밀 수 있는 점과 이 과정에서 발상의 전환이나 창의적 사고가 증진되는 것은 매력적이다. 마인드맵에서 심화된 형태로 변형한 만다라트(Mandala-Art) 기법도 활용해 볼만하다(아마이즈미 히로아키). 만다라트는 '만다라'라는 불화(佛畵)와 아트의 합성어로 목표달성이 더욱 강조된 도구다.

조직문화 문제를 나열한 사례(알마인드 활용)

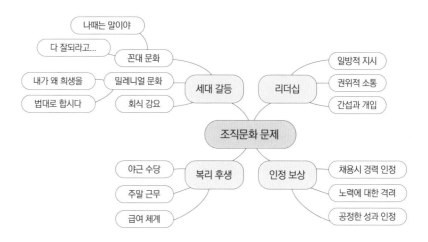

만다라트 분석표(일부만 구성)

보조금	개인 후원	고액 기부						
위탁 수임료	재정	기업 후원		인재			문화	
자체 수입	지출 절감	회계 투명						
			재정	인재	문화			
	환경		환경	조직의 성장	교육		교육	
			법제도	사회	운			
	법제도			사회			운	

② '문제를 파악'하고자 할 때

로직트리

맥킨지컨설팅사를 통해 활성화된 로직트리(Logic Tree, 혹은 Issue Tree)는 주어진 사안을 논리적 사고로 세분화함으로써 문제를 분석, 파악하며 그 해결책까지 도출해 볼 수 있는 유용한 도구다. 로직트리 역시 기본적으로 마인드맵의 체계적 세분화를 기본구조로 하고 있다. 로직트리 기법은 논리적 체계성을 더욱 강조하고 있는데, 가령 핵심주제의 하부주제끼리의 등가성 여부가 그것이다. 예를 들어 '요리'를 구분한다면, 한식, 중식, 양식 등으로 구분하든가 아니면 따뜻한 요리, 차가운 요리로 구분해야지, 한식, 중식, 따뜻한 요리로 구분함은 논리적 체계성에 어긋난다. 로직트리는 활용목적에 따라 What트리(문제 나열), Why트리(원인 분석), How트리(방안 도출) 등으로 세분화가 가능하다. 유사한 도구로, 로직트리를 생선모양으로 그려보는 피쉬본 다이어그램(Fishbone diagram, 카오루 이시카와)이 있다.

로직트리 분석표

③ '문제파악 후 목표수립'을 하고자 할 때

AS-IS/TO-BE 분석(Gap analysis)

AS-IS(현황)과 TO-BE(지향)을 뜻하는 이 기법은 현재 상태를 분석·인지한 후 미래의 이상향을 도출하여 그 둘 사이에 존재하는 차이점(Gap)과 원인을 분석해 보는 도구이다(J Michael Scott). 이 분석기법은 흔히 기업 맥락에서 업무 프로세스를 개선하기 위해 사용되곤 한다. 기대하는 미래의 지향점(TO-BE)까지 도달하기 위해 현재의 모습 및 현장(AS-IS)과의 격차(Gap)를 분석하며 그 간극을 어떻게 메꿀 것인가의 목표와 전략을 도출해 볼 수 있다. 대략의 흐름을 비영리에 적용 가능토록 제시하면, 'AS-IS 분석' → '이슈 도출' → 'TO-BE 개선 방향 수립' → 'TO-BE 설계'로 설명이 가능하다.

AS-IS/TO-BE 분석표

로직모델

사회의 근원적 변화를 위해 90년대에 부각된 변화이론(Theory of Change, TOC)을 쉽게 사용할 수 있는 로직모델(Logic Model, 논리모형)은 성과를 평가하고 측정함에 있어서 특정 프로젝트가 변화를 만들어가는 과정을 구성원들이 명확히 인지하고, 각 항목의 논리적 인과관계를 살펴보기에 적합한 프레임워크다. 따라서 활동에서 최종 결과물까지의 과정을 나타내며 그 성과를 평가하고 측정하기 위한 목적을 가진다. 기획단계에서 로직모델을 잘 활용하면 사업종료 단계에서 정량, 정성의 명료한 성과가 도출되므로 사업이나 조직의 목표 수립 단계에서 도입하는 것이 좋다. 특히 비영리 영역의 특성상 추상적 의제가 많기에 이러한 구조적 접근은 때때로 복잡한 상황의 정리를 돕는다.

로직모델의 적용 사례

목표 (Goal)	산출 목표 (Output)	변화 목표 (Outcome)
	회의 개최 횟수	
기반 조성	참여 사업 횟수	기반 조성 목표달성도
	결과 공유 횟수	
	도출 의제 갯수	
문화 형성	참여 기관 갯수	문화 형성 시민만족도
	교육 수행 횟수	

컨설팅 수행단계의 공통절차 3) 방안 도출

컨설팅 수행단계에서 세 번째 단계는 **3) 방안 도출**의 단계이다. 이 단계에서 가장 많이 사용하고 쉽게 적용 가능한 분석기법을 알아보자.

① '개선책을 점검'하고자 할 때

KPT 분석

컨설팅을 통해 도출한 여러 가지의 지향점을 구조화하기 위해 KPT(Keep, Problem, Try)의 관점으로 구분해 확인하는 것은 좋은 마무리이다. 앞으로 계속 유지할 것은 Keep, 반면 과정을 통해 드러나 문제점은 Problem, 그리고 문제를 개선하기 위해 차후 시도해야 할 것은 Try로 구분해 도출한다. KPT의 적용 수위에 따라 조직 차원, 부서 차원, 사업 차원, 개인 차원 등으로 변형 적용이 가능하다. KPT에 Action을 추가해 KPTA로 구체화하기도 한다.

② '실천 사항을 도출'하고자 할 때

ERRC 분석

블루오션 전략으로 제안되었고 최근 경영코칭으로 자주 사용되는 프레임워크로(W. Chan Kim and Renée Mauborgne), 목표를 위해 E(Eliminate) 제거할 것, R(Reduce) 감소할 것, R(Raise) 증가할 것, C(Create) 창조할 것의 4분면으로 구분하여 분석하는 기법이다. 보통 목표달성을 위한 실천 사항을 도출할 때 사용하기도 하나 때에 따라선 목표와 평가의 전반적인 툴로 사용하기도 하고, 혹은 리더십을 분석하기 위한 용도로도 사용하는 등 다채로운 적용이 가능하다. 무엇보다 적용이 쉽다는 측면과 활용의 범용성은 큰 장점이다. 창증감제(創增減除)라 부르기도 한다.

ERRC의 매트릭스

E(Eliminate) 제거	R(Reduce) 감소
목표달성을 위해 제거해야 할 요소	목표달성을 위해 줄여야 할 요소
R(Raise) 증가	C(Create) 창조
목표달성을 위해 집중해야 할 요소	목표달성을 위해 새로 착수해야 할 요소

'현장 감수성'의 중요성

더 많은 도구와 기법이 시중에 유행하고 있지만, 실제 현장에서의 적용 여부는 컨설턴트가 가지고 있는 그것과 비례하지 않는다. 아무리 좋은 툴을 준비했다 하더라도 소규모의 비영리단체나 체계가 없는 작은 풀뿌리 단체에 기계적으로 적용할 수는 없는 일이다.

여건이 월등히 좋은 큰 규모의 기관, 체계를 갖춘 조직이라 하더라도 고려할 지점은 역시 존재한다. 설사 부족함이 없어 보이는 조직이라도 컨설팅의 내용을 적용하는 것은 결국 사람이다. 구성원들이 복잡함을 호소하는 툴이라면 컨설팅의 효과성은 저하되고 만다.

해결책은 컨설턴트가 제시하지만 그것을 실행하는 것은 결국 의뢰단체의 구성원들이다. 현장의 정서를 모르고, 조직의 특수성을 이해하지 못 한 채 제시하는 솔루션이 작동할 리 없다. 현장을 이해한다면 대화가 가능하지만 현장에 대한 이해가 없다면 대화 자체가 시작되기 힘들다.

☞ 컨설턴트를 관리하는 지원사업의 담당자가 컨설턴트들이 활용할 수 있는 도구를 사전에 검토하여 제시한다면 컨설팅의 효과성은 증진되고 결과물의 일관성은 강화될 것이다. 도구를 별도의 양식으로 제시하는 것보다는 컨설팅 일지나 컨설팅 결과보고서에 자연스럽게 녹여내는 것이 좋다.

분석과 진단을 돕는 로지컬 씽킹이란?

지금까지 제시한 수많은 분석 기법은 일종의 도구다. 같은 도구라도 잘 사용하는 사람이 있는가 하면 그렇지 못한 사람도 있다. 이 차이는 도구를 어떻게 다루는가에 대한 문제, 바로 도구를 사용하는 컨설턴트의 역량의 문제다. 이 맥락에서 가장 중요한 컨설턴트의 역량은 도구 자체가 아니라 도구의 효과적인 사용을 돕는 사고방식이다. 이를 돕는 '컨설팅의 로지컬 씽킹(Logical Thinking, Barbara Minto)'에 대해 알아보자.

① MECE 사고

MECE는 Mutually Exclusive Collectively Exhaustive의 약자로, '상호적 배타성을 가지면서 그 합은 상위목표의 전체합과 일치해야 한다'는 뜻을 지닌다. 다시 말해, 서로 중복되지 않고 전체적으로 누락이 없는 상태를 말한다. 컨설팅에 있어 MECE 사고가 중요한 이유는 컨설팅 분석 과정, 워크숍 참석자의 의견 정리, 컨설팅 보고서 작성 등 거의 모든 전반의 과정에서 MECE의 사고방식이 개입되기 때문이다.

앞 설명에서 요리의 종류를 한식, 중식, 양식, 일식 등으로 구분함은 국

가별 구분이고, 따뜻한 요리와 차가운 요리는 온도별 구분이므로 나름의 MECE를 적용한 셈이다. 그러나 요리의 종류를 한식, 중식, 차가운 요리로 분류하면 MECE의 원칙은 지켜지지 않은 상태로 봐야 할 것이다. 앞서 거론한 많은 분석기법 역시 기본적으로 MECE 사고방식에 기초한다. 3M, SWOT, ERRC 등이 그 사례다.

② 피라미드 원리

피라미드 구조(Pyramid Principle)는 논리적 문서작성과 문제상황의 구조화 등에 광범위하게 사용하는 기법이다. 많은 정보가 한 번에 나열되면 전체를 기억하기는 어렵다. 하지만 이해하기 쉬운 가장 좋은 체계로 가공하면 같은 정보라도 다르게 취급된다. 가령, 식빵, 체리, 갈비, 삼겹살, 사과, 닭다리, 도넛, 포도, 베이글을 본 후 한 번에 기억하기란 쉽지 않지만, 이를 연관성에 따라 '식빵, 도넛, 베이글', '닭다리, 갈비, 삼겹살', '사과, 포도, 체리'로 1차 그룹핑 한 후 다시 '베이커리', '육류', '과일'로 2차 그룹핑하여 '음식'으로 최종 요약한다면 기억하기 쉽다.

피라미드 원리는 로직트리 기법 등 많은 분석 툴에 영향을 미쳤으며 현대사회에서 사용되는 각종 보고서에 기초가 된다. 단, 로직트리와 피라미드의 차이점을 살펴보면, 로직트리는 주요 과제(문제)가 우선된 후 이를 달성(해결)하기 위한 체계를 전개시키는 '탑다운' 방식인데 비해, 피라미드 구조는 먼저 사실(정보)들을 열거한 후 간명하게 정리하는 '버텀업' 방식이라 볼 수 있다. 또한 피라미드 원리에서는 그룹핑 내 정보들의 MECE 적용을 강조하고 있으며, 수평적 그룹들 사이에 인과관계를 부여함으로써 문제를 더욱 입체화하도록 권유하고 있다.

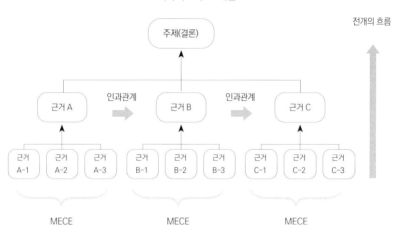

피라미드 구조 개념도

 해 보 니 까 이 렇 더 라

프레임워크(Framework)의 딜레마

지금까지 이 챕터에서 다룬 모든 분석기법, 툴(도구), 문서양식 등을 통칭해 프레임워크라고 할
수 있다. 프레임워크란 주어진 문제를 해결하기 위한 논리적 구조체계를 뜻한다. 컨설팅의 프
레임워크를 얼마나 많이 가지고 있는지에 따라 컨설팅 역량이 좌우되는 것은 알려진 바이다.

그러나 현장의 많은 컨설턴트들은 말한다. 프레임워크는 활용의 대상일 뿐 기계적 적용의 대
상이 아니라는 것을. 상황과 특성에 맞게 변형하여 활용하지 않은 채 이미 알고 있는 툴을 그
대로 적용하는 행위는, 조직에 컨설팅을 제공하지 않고 컨설팅에 조직을 끼워맞추는 셈이다.
짜여진 양식에 메시지를 맞추지 말고 메시지를 구조화하는 연습이 중요하다.

'프레임워크는 문제해결을 돕는 강력한 도구가 맞습니다. 하지만 고민하지 않으려는 컨설턴
트에게 저절로 해결책을 만들어주는 프레임워크는 없습니다. 상황에 맞게 프레임워크를 변
형하여 적용하는 분석력, 응용력이 컨설턴트의 진짜 실력입니다.'

– 전 맥킨지 컨설팅 C 컨설턴트

비영리단체의
컨설팅 가이드북

◆

A Guidebook for Consulting on Nonprofits.

Chapter IV.

컨설턴트의 성장

비대면의 시대에
소규모와 온라인으로 진행이
가능한 점은 컨설팅의 장점.

컨설턴트의 역량과 전문성

컨설턴트의 실력은 어떻게 향상될까? 컨설턴트의 역량은 무엇으로 정의될까? 학문을 연구하는 학자그룹과 달리 '현장전문가'라면 컨설팅을 수행하며 때때로 고민하게 되는 주제다. 컨설턴트의 역량을 구성하는 요소에 대해 생각해 보자.

컨설턴트의 역량 요소

1. (케이스의 수) 얼마나 많은 사례(Case)를 보유하고 있는가?

사람들은 이론에 해박한 컨설턴트를 원할까, 경험이 많은 컨설턴트를 원할까? 컨설턴트의 경험은 컨설턴트의 힘이자 무기와 같다. 현장의 경험을 정리한 사례집은 현장친화적 전문성을 상징하며 아무나 쉽게 도용할 수 없는 경쟁력이 된다.

2. (동료 네트워킹) 교류하는 동료 컨설턴트가 있는가?

고립된 컨설턴트는 성장의 한계를 느낀다. 비슷한 환경에서 유사한 일을 하는 동료집단이 있다면 교류를 통해 자신의 역량을 함양할 수 있다. 컨설팅 현장에서 겪었던 고충과 문제를 서로 주고받는 자리가 없다면 컨설턴트의 내공은 축적되지 못하고 소진되기 쉽다.

3. (수퍼바이저의 존재) 멘토나 롤모델이 있는가?

자신보다 선배 컨설턴트에게 자문을 구하거나 의견을 묻는 시간은 필수적이다. 특히 롤모델이나 멘토와 같은 선배 컨설턴트와 컨설팅 프로그램에 동행·동참하는 기회는 성장에 있어 좋은 산교육의 시간이다. 그들의 컨설팅을 지켜보며 '배울 것'과 '피할 것'을 익히는 시간은 성장의 마지막 퍼즐조각이다.

 해 보 니 까   이 렇 더 라

컨설턴트의 '학력'과 '경력' 중 경쟁력이 높은 것은?

'학력(학식)' 높은 컨설턴트와 '경력(경험)' 많은 컨설턴트 중 누가 더 선호될까? 이 질문에 대해 사람마다 답은 다를 수 있지만, 비영리조직의 '현장에 대한 이해와 풍부한 경험'이 컨설턴트에게 없다면 그 컨설팅은 출발 자체가 어렵다.

이렇듯, 경험 많은 컨설턴트의 주장은 힘이 실리며 자기의 세계관으로 만든 프레임워크를 제시할 수 있다. 다만, 세상의 전부를 직접 경험할 수 없으므로 동료모임에서의 상호학습과 선배 컨설턴트와의 교류 등을 멈추지 말아야 한다. 특히 의뢰인(단체)의 고민을 경청하며 '간접경험'을 축적하려는 습관은 필수이다.

컨설턴트의 성장을
판단하는 기준이 있을까?

컨설턴트는 자신의 성장을 어떻게 알 수 있을까? 컨설팅이 순항하고 있다는 척도가 존재할까? 컨설팅이 잘 되고 있는지, 문제는 없는지를 점검하는 행위는 모든 컨설턴트에게 필수 덕목이다.

컨설턴트의 성장 지표

1. (재구매 여부) 일했던 기관에서 다시 요청이 오는가?

신규 영역의 확장보다 더 신뢰할 수 있는 성장토대는 과거 의뢰했던 곳에서의 재구매이다. 재구매를 하는 기관은 컨설턴트에게 경제적 유익함을 제공할 뿐만 아니라 컨설팅의 긍정적 효과를 주위에 알리는 홍보대사의 역할을 겸하게 된다.

2. (타섹터로의 확장) 생소한 기관/영역에서 연락이 오는가?

가령 자원봉사센터 출신인데 사회적경제 영역에서 연락이 오거나, 복지관 출신인데 지자체나 기업에서 연락이 왔다면 당신의 콘텐츠가 범용성이 있다는 것을 뜻한다. 향후 활동의 확장이 예측되는 청신호다.

3. (계획단계 동참) 계획수립 단계에 초청받았는가?

강사나 컨설턴트로 '단순 섭외'되는 것이 아니라 과업설계의 사전 기획단계에 초청된다면 좋은 현상이다. 교육/컨설팅 계획을 당신과 '함께' 수립하겠다는 의미는 '당신 위주로 계획을 수립하겠다'는 뜻과 같다.

4. (몸값 상승) 컨설팅 단가가 상승하는가?

강사비 요율은 나름의 기준이 있지만 컨설팅의 단가는 기준이 없다. 어떤 컨설턴트의 보상은 강사비에 못 미칠 때도 있다. 만약 당신을 찾는 수요가 점차 많아진다면 컨설팅의 단가는 강의비의 요율보다 더 높이 상승하며 수입은 자연스럽게 늘어난다. *프리랜서 컨설턴트에 해당

 해 보 니 까 이 렇 더 라

혼자 수행하기 힘든 컨설팅을 의뢰받았다면

① 과업 자체를 거절한다.
② 협의를 통해 과업의 범위를 축소한다.
③ 협업이 가능한 동료 컨설턴트나 관련 기관을 구한다.
④ 비핵심 업무를 대신할 적임자를 '임시 채용'하거나 '외주'를 준다.

긍정적 영향력 확장하기

컨설팅을 경험한 사람들은 어디선가 컨설턴트에 대해 말하고 있다. 사람들은 언제 컨설턴트에 대해 '좋은 이야기'를 꺼낼까? 컨설턴트에 대한 입소문은 어떻게 시작되는가? 컨설턴트의 영향력이 확장되는 다섯 가지의 경우이다.

컨설턴트의 영향력이 확장되는 경로

1. 주어진 일부터 집중을

현재 맡은 일의 좋은 결과가 가장 강력한 입소문의 재료가 된다. 컨설팅의 좋은 결과를 맛본 사람들은 반드시 자신이 겪은 일을 주변에 전파한다.

2. 작은 역할을 멋지게

혹시 누군가에게 소소한 일을 부탁받았거나 보상이 부족해 보이는 일을 의뢰받았을 때도 최선을 다하면 강한 인상을 남기게 될 것이다.

3. 모임에 나가보자

'돈이 안 되는' 모임이라도 성실하게 참석하다 보면, 모임의 참석자 중 누군가가 컨설팅이 필요할 때 당신의 존재를 떠올리게 되므로 자연스러운 거래가 성사된다.

4. SNS에서 어필하기

사람들이 가진 관심사와 고민을 터치해 주며 공감 가는 글을 꾸준히 포스팅하는 수고는 장기적으로 좋은 평판을 만들어주며 한정된 섹터의 경계를 넘어간다.

5. 글 연재/출판 도전

원고비가 많지 않고 영향력이 작은 온라인 플랫폼이라도 유익한 글이라면 삽시간에 퍼진다. 당신의 글에 공감한 사람들은 그 글을 퍼트리며 당신의 존재감을 확산시킨다.

 알 아 보 니 이 렇 더 라

시장의 바다로 나가보기

자신이 프리랜서인지, 조직 소속인지 상관없이 지식과 재능을 자유롭게 거래할 수 있는 온라인 플랫폼이 많이 생겨났다. 플랫폼의 특성에 따라 약간의 차이가 있긴 하나, 대체로 문서, 강의, 컨설팅의 콘텐츠를 거래할 수 있고 모임과 채용까지 지원하는 곳도 있어 활용도가 높다.

☞ 지식과 재능을 자유롭게 거래할 수 있는 온라인 플랫폼의 사례: 크몽(kmong.com), 탈잉(taling.me), 프립(frip.co.kr), 헤이조이스(heyjoyce.com), 오투잡(otwojob.com)

컨설팅에 활력 불어넣기

재미있는 컨설팅도 있고 그렇지 않은 컨설팅도 있다. 컨설팅은 사람에 대한 서비스를 포함하고 있기에, 작은 행동의 변화를 통해 무미건조한 컨설팅을 즐겁게 만들 수도 있다. 컨설팅이 즐겁지 않다면 컨설턴트는 지치고 성장하기 어렵다. 컨설팅에 활력을 불어넣는 방법, 그 소소한 팁을 알아보자.

생동감 있는 컨설팅 팁

1. 현명하게 조언하라

한마디의 지적을 하기 위해 세 가지의 칭찬을 찾아라. 컨설턴트 정체성은 조언하는 역할이지만 조언이 계속되면 상대방은 지적받고 평가받는다고 느낀다. 필요한 조언이라도 충분한 칭찬과 인정을 표현한 후에 시도하라.

2. 대상화하지 말고 '우리'라고 말하라

파트너십을 형성하면 문제해결에 대해 희망과 믿음이 생긴다. 의뢰인을 대상화하지 말고 호칭을 '우리', '우리 단체'로 자연스럽게 바꾸어 소통하라.

의뢰인과 컨설턴트가 이제부터 한배에 탔음을 암시하라.

3. '논리'로 안 되면 '심리'로 접근하라

논리적 접근만이 능사가 아니다. 의뢰인은 답을 몰라서가 아니라 답에 대해 확신을 못 하는 상태이거나, 격려와 지지가 필요한 상황일 수도 있다. 문제의 '해결'에서 벗어나 욕구의 '해소'에도 집중하라.

4. 기한을 앞당겨 준수하라

제안서 제출, 컨설팅 일지 작성, 결과보고서 제출 등 컨실팅의 모든 과정에서 컨설턴트의 평판은 형성된다. 약속된 일의 기한을 어기거나 아슬아슬하게 지키는 컨설턴트에게 중요한 일을 계속 맡길 사람은 없다. 한발 앞선 스케줄로 리드하라.

 해 보 니 까   이 럴 더 라

상대방을 존중하는 대화 습관

좋은 질문   상대방의 욕구와 존재에 대한 인정·존중을 나타내는 질문을 하라.
'이런 건 어떠세요? 많은 문제를 헤쳐오신 관리자로서 어떤 견해를 가지고 계신가요?'

정적 강화   제시된 어떤 의견이라도 좋은 측면을 찾아 긍정적 피드백을 하라.
'말씀하신 것 중 그 부분은 정말 일리가 있고 고민해 볼 지점이네요.'

의견 인용   적절한 맥락에서 앞선 의견을 인용하거나 존재 자체를 인용하라.
'아까 OO님께서 말씀하신 것처럼...', 'OO팀장님도 아시겠지만...'

비언어적 표현   의사소통에서 7%만이 내용을 통해 이루어지고 나머지는 말의 톤, 표정, 자세 등으로 전달된다(Albert Mehrabian). 상대방이 말하는 도중에 아이컨택, 끄덕임, 미소 등의 비언어를 적극 활용하라.

컨설턴트의 언어로 말하기

유능한 컨설턴트는 상대방에게 확신을 주되 단정적으로 말하지 않는다. 컨설턴트가 단정적인 말을 반복하면 언젠가 자신의 말을 책임질 수 없는 곤경에 빠지게 된다. 컨설턴트가 어떤 언어를 사용하고 있는가는 성숙한 컨설턴트의 척도가 된다.

컨설턴트 언어 통역기

1. 지적하고 싶을 때: '이것이 문제입니다.'보다는

  '현재 이 부분이 작동하지 않는 것으로 보입니다.'

2. 반대하고 싶을 때: '그건 안 됩니다.'보다는

  '이런 시각도 있을 것 같은데 어떤 생각이 드십니까?'

3. 확신을 주고 싶을 때: '이렇게 하시면 잘 될 겁니다.'보다는

  '이 방법이 다른 조직에서 효과가 있었습니다.'

4. 주의를 주고 싶을 때: '그렇게 하다간 문제가 됩니다.'보다는

  '그 선택에는 이런 리스크가 있습니다.'

5. 강조하고 싶을 때: '이렇게 하면 무조건 됩니다.'보다는

　　　　　　　　　　　　　　'저는 이 원칙에서 벗어난 곳을 아직 보지 못했습니다.'

6. 완만한 해결을 제시할 때: '이렇게 하면 해결됩니다.'보다는

　　　　　　　　　　　　　　'이렇게 하면 마음이 좀 편해지실 겁니다.'

 컨 설 턴 트 의　말 말 말

　◦ 컨설턴트는 영향력은 있지만 직접적인 권한은 없는 사람이다.
　◦ 컨설턴트의 경쟁력은 보유한 케이스(사례)의 갯수에서 나온다.
　◦ 컨설턴트의 지속력은 의뢰인의 숨은 욕구를 충족시켰을 때 생긴다.
　◦ 컨설턴트의 권위는 권력이 아닌 품위에서 나온다.

　　　　　　　　　　《출처》완벽한 컨설팅. 2007. 피터블록. 인사이트, 재편집

'잘 나가는' 컨설턴트가 되면 생기는 일

어디까지나 즐거운 상상이다. 과업마다 좋은 결과가 도출되었고 사람들은 당신을 원하고 있다. 정점에 다다른 컨설턴트에게는 무슨 일이 생길까? 예상과 달리 예기치 못했던 새로운 상황에 고민이 깊어지는 그들. 새로운 변곡점을 마주하는 상황에 대해 미리 알아보고 예비해 보기 바란다.

'잘 나가는' 컨설턴트가 마주하는 상황

1. 콘텐츠의 확산

누군가 당신의 콘텐츠를 사용하는 일이 늘어난다. 자체 개발한 툴이나 파워포인트 자료가 인용되는 일이 많아지는 한편 누군가 무단으로 도용하는 일도 발생한다. 인용은 기분 좋은 일이나 도용은 일일이 확인할 방법이 없어 고민이 깊어진다.

2. 일거리의 일시적 감소

너무 바쁠 것이라는 이미지가 형성되면 의뢰가 뜸해지는 역설적 상황이 발생할 수 있다. '바쁘고 비싸다'는 이미지는 사뭇 기분 좋으면서도 '비싸고 흔하다'는 치명적인 양면의 이미지가 있어 적절한 포지셔닝에 대한 새로운 걱정이 생긴다.

3. 권태감과 무기력

수년간 상종가를 올리게 된 컨설턴트라면 성공과 성취가 일상이 되어 무기력과 우울감이 찾아올 수 있다. 이 와중에 간혹 결과가 기대 이하로 끝난 컨설팅 때문에 다툼이 생기는 등 골치아픈 일이 생기면 번아웃이 찾아온다.

4. 거래처의 이해충돌

A기관과도 성공적으로 일했고 B기관과도 성공적으로 일했지만, A와 B가 경쟁적인 사이의 기관이라면? 이때 컨설턴트는 이 두 기관 사이에서 난처한 줄타기를 하는 처지가 될 수 있어 적절한 처신을 고심하는 시간이 많아진다.

  알 아 보 니   이 렇 더 라

성공하는 컨설턴트의 조건(William A. Cohen)

- 우수한 인간관계 능력
- 문제를 잘 파악하고 해결하는 능력
- 전문지식과 식견
- 커뮤니케이션 기술
- 마케팅 및 영업능력
- 프로젝트 관리 능력

비영리단체의
컨설팅 가이드북

◆

A Guidebook for Consulting on Nonprofits.

Chapter V.

컨설턴트의 Dos and Don'ts

의뢰인과 갈등을 빚을 때는
더 큰 목표로 합의를 추구하라.

컨설팅을 피해야 할 곳도 있을까?

컨설팅 의뢰가 들어왔다고 무조건 착수할 수는 없다. 컨설팅을 해도 되는 곳이 있다면 재고해야 할 곳도 있을 것이다. 잘못 선택한 컨설팅은 재앙과 같다. 컨설팅 사전 단계에서 발견할 수 있는 '전조현상'이 무엇일지 함께 살펴보자.

착수의 주의가 필요한 '전조현상'

초동 미팅에서 '말단' 실무자급이 나온다면 컨설팅에 관심이 적다는 증거다.
상급자가 미팅에 참가하여 더 깊은 이슈를 나눌 수 있는 시간을 요청해 볼 것

의뢰한 곳의 관리자들이 컨설팅에 관심이 없다면 컨설팅은 형식화되기 쉽다.
관리자와 함께하는 미팅을 만들거나 관리자를 강의에 초청해 볼 것

과업요청서가 광범위하고 추상적인 컨설팅은 차후 분쟁으로 빠져들 수 있다.
정량목표와 정성목표를 구분해 검토하고, 정성목표의 '기대 수준'을 확인할 것

컨설팅을 의뢰하면서도 큰 문제는 없다는 식이면 컨설팅은 허무해진다.

자기문제를 인지하지 않는 집단의 컨설팅은 방향을 찾기 힘드니 주의할 것

자신이 전문가라는 자부심이 과한 리더가 있는 조직의 컨설팅은 피곤해진다.

컨설턴트가 위축될 정도의 과한 자신감이 보인다면 컨설팅을 재고할 것

컨설턴트에 대해 잘 모르면서 컨설팅을 의뢰한 곳과는 협의할 사항이 많다.

컨설턴트를 모른다는 것은 컨설팅의 이해도도 낮은 것이므로 재고할 것

 해 보 니 까   이 렇 더 라

컨설팅을 신뢰하지 않는 리더들에게 어떻게 접근할까?

기관장이나 이사회 등이 컨설팅(특히 조직 컨설팅)을 꺼리는 이유는, 컨설팅 과정을 통해 수면 위로 올라오는 조직의 '문제점'이 자신들의 리더십 과오에 기인한 것처럼 비치는 불편함 때문이다.

컨설턴트는 리더가 조직원 앞에서 조롱거리가 되거나 함부로 평가받는다는 느낌이 들지 않도록 항상 주의해야 한다. 따라서 문제를 단순 지적하려는 의도가 아니라는 것을 충분히 설명한 후, 모든 문제는 조직적으로 접근해야 해결할 수 있다는 설명이 뒤따르는 것이 좋다.

예컨대 '리더십이 달라져야 한다'는 직접적인 주문보다는, '조직의 미래를 위해 더 나은 방향을 제안드리는 것이니 기관장님의 관심이 필요하다'라는 식의 접근이 환영받는 컨설턴트의 지름길이다.

컨설턴트가 자주 하는 실수

컨설턴트는 자각하기 어렵지만, 컨설턴트의 전형적인 실수가 있어 주의가 필요하다. 컨설팅 과정에서, 특히 의뢰인과의 대화에서 컨설턴트가 흔히 저지르는 실수는 다음과 같다.

컨설턴트의 흔한 실수

워커홀릭: 오직 일 얘기만 하는 실수

의뢰인을 만나자마자 바로 일 얘기로 돌입하거나, 만날 때마다 일 얘기만 하는 것이 현명할까? 상대의 사적인 고민까지 이해하고 공감하는 시간은 컨설팅의 범주 안에 틀림없이 포함해야 하는 과정이다.

권위적 학자: 자기 얘기만 계속하는 실수

특정한 시각을 계속해 강조하는 고집스러움은 치명적이다. 컨설턴트는 시민운동가도, 저명한 이론가도 아니며 더군다나 의뢰인의 상급자가 아니다. 강한 주장 대신 제안과 제시를 잘하는 것이 컨설턴트의 전문성이다.

똘똘이 스머프: 특정한 정답을 고집하는 실수

하나의 답만을 강변하는 것은 위험한 베팅과 같다. 만일 컨설턴트가 하나의 답만을 강변한다면 의뢰인은 컨설턴트의 지식이 앙상하다고 느낀다. 정답을 고집하지 않고 함께 해답을 찾아갈 때 오답을 피할 수 있다.

민원 자판기: 서둘러 해결책을 말하는 실수

경청하는 인내심을 생략한 채 서둘러 해결책을 제시하는 일은 현명하지 못하다. 의사를 묻는 질문과 답을 기다리는 인내심이 생략된 설명은 설교나 마찬가지다. 의뢰인이 충분히 말하도록 한 다음 제시해도 늦지 않다.

어긋난 성실함: 복잡한 결과물을 제공하는 실수

어떤 컨설턴트들은 사용하기 어렵고 복잡한 결과물을 의뢰인에게 제공함으로써 자신의 성실함과 유능함을 증명하려 한다. 컨설팅의 속성은 '메뉴'를 줄여주는 일에 가깝지, '메뉴'를 더 늘리거나 복잡하게 만드는 일이 아니다.

 해 보 니 까   이 렇 더 라

컨설턴트의 '말실수'는 어디에서 오는가?

다음과 같은 말실수 하나로 인해 컨설팅(Consulting)은 인설팅(Insulting: 모욕)이 된다.

- 차별적 발언: 상담 중 어떤 이유로 화가 났을 때 혐오적 표현이 불쑥 나올 수 있다.
- 희롱성 발언: 관계증진을 위해 어설픈 유머를 시도할 때 성적 실언이 나오기 쉽다.
- 훈계적 발언: 상대방의 과오를 지적하며 흥분하면 훈계조의 말투로 바뀔 수 있다.
- 무례한 발언: 피곤해 보인다거나 누굴 닮았다는 말은 위로나 관심이 아니라 외모평가에 속한다.

컨설팅 종료 시 유의할 점

컨설팅 과정에서 주의해야 할 사항이 있는 것처럼, 컨설팅이 마무리되는 시점에서 주의할 사항도 있다. 특히, 의뢰인(기관)에게 제공해도 되는 것과 제공하지 말아야 할 것이 무엇일지 검토해 본다.

컨설팅 종료 시 제공할 것과 제공하지 않을 것

컨설팅 종료 시 제공할 것

컨설팅 보고서에 팩트로 구성한 결과만 정리해 제공하는 것뿐만 아니라 컨설턴트의 개인적 견해를 권고사항으로 제공하는 것은 효과적이다. 컨설턴트의 조언은 제3자적 시각에서 조망한 것으로 여겨지므로, 의뢰인 입장에서 객관적 근거로 활용하기에 좋다.

또한 컨설팅 마무리 시점에서 요청하는 의뢰인의 자잘한 도움을 컨설턴트가 성실하게 응대하는 서비스는 컨설팅의 완성도를 높인다. 아울러, 컨설팅이 종료되었다고 해서 컨설턴트와의 관계도 종료되는 것은 아님을 알린다면 의뢰인에게는 좋은 선물이 될 것이다.

컨설팅 종료 시 제공하지 않을 것

조직 내부를 진단할 경우 조직의 내밀한 문제점이 공개될 수 있다. 특히 워크숍을 통해서 구성원들의 이야기를 직접 수렴한 것이라면 더욱 직설적인 표현이 담기게 된다. 조직의 관리자들이 불편함을 느끼지 않도록 표현의 순화를 거치는 것이 좋다.

문서를 제공할 때 처음부터 전체 공개로 제공하지 않고, 1차적으로 관리자에게 선제공하여 협의한 후 전체 공개하는 식의 단계적 공개도 검토할 만하다. 컨설턴트는 조직의 내밀한 이야기를 파악하는 외부인이라 이 부분은 항상 주의를 요한다.

 해 보 니 까   이 렇 더 라

문서보안의 이슈와 현실

컨설턴트가 작성한 문서는 비밀이 없다. 조직의 내밀한 이야기, 조직의 치부가 담긴 사건사고 등 컨설팅의 모든 결과는 내부용 보고서로 구분하여 보관되겠지만, 완벽한 통제란 사실상 불가능하며 언제든 유출의 가능성은 존재한다.

따라서 컨설턴트가 작성하는 모든 문서는 혹시 모를 상황에 대비한 언어의 순화를 고려해야 한다. 전달하고자 하는 메시지는 빠짐없이 기록해야 하겠지만, 외부인에게 노출될 때 해당기관이 곤란한 입장에 처한다면 컨설팅의 의도와는 다른 방향의 상황이 펼쳐질 수 있다.

'어떻게 하면 지적하지 않고 지적할 수 있을까? 어떻게 하면 가르치지 않고 가르칠 수 있을까? 어떻게 하면 평가하지 않고 평가할 수 있을까?' 컨설턴트가 항상 고민해야 하는 주제다.

아름다운 마무리를 위하여

컨설턴트가 컨설팅을 마무리하는 시점에서 가장 곤혹스러운 상황은 바로 결과가 기대에 못 미칠 것 같은 불안감이 엄습할 때이다. 현실적으로 컨설팅 과정 내에 모든 문제를 말끔히 해결하기란 어려운 일이다. 그러나 컨설팅을 통해 아무런 변화도 나타나지 않는다면 분명 문제가 될 것이다. 컨설팅이 실패로 끝날 수 있다는 것을 깨달은 시점에서 컨설팅을 어떻게 마무리해야 좋을지를 고민하는 일은 절대적으로 중요하다. 만일 컨설팅의 '가시적 성과'가 미흡할 것으로 예측된다면, 컨설팅의 방향을 '내재적 성과' 도출로 전환할 것에 대해서 진지하게 검토해야 한다.

컨설팅의 내재적 성과의 예

담당자나 기관장의 만족도
컨설팅의 객관적 결과는 미흡해도 중요한 위치의 사람들이 만족감을 표현할 때

참여자들의 의식과 관점의 변화

참여자들이 좋은 경험이었다고 말하고 컨설팅을 계기로 생각이 바뀌었다고 말할 때

컨설팅 결과물의 조직 적용 의향

기대에 못 미치는 결과물이 나왔지만 담당자가 조직에 적용해 보겠다고 반응할 때

후속 과정에 대한 의뢰 여부

컨설팅은 미진하게 끝났지만 차후 연계과정에 함께 해달라는 요청을 할 때

의뢰인이 컨설팅에 기대하는 요소가 무엇인지 사전에 확인했어도 컨설팅의 결과가 뜻대로 흘러가지 않는 경우는 흔하다. 최후의 경우, '컨설팅 종료 후 결과보고서를 통해 해결방안을 정리하여 제공하겠다'는 사후 보강 약속으로 마무리하는 것이 의뢰인(단체)에게 보답하는 최선의 길이다.

 알 아 보 니 이 렇 더 라

의뢰인의 만족과 불만족 요인

의뢰인의 만족도에 미치는 요인
- 컨설턴트가 현장에 대한 이해가 깊어 보일 때
- 컨설턴트가 상황에 맞는 방향을 제시해 줄 때
- 컨설턴트가 경험과 사례를 통해 설명해 줄 때
- 컨설턴트의 해법이 세밀하고 구체적일 때
- 컨설턴트가 친절하고 성실하며 태도가 좋을 때

의뢰인의 불만족에 미치는 요인
- 컨설턴트가 누구나 알고 있는 것만 말할 때
- 컨설턴트가 문제파악만으로 컨설팅을 마칠 때
- 컨설턴트가 확실한 해결책을 제시 못 할 때
- 컨설턴트가 현장 상황을 잘 모를 때

《출처》 2019 '서울시 OOO 컨설팅 지원 사업'의 컨설팅 만족도 평가 결과 발췌, 재편집

프리랜서를 선택한 분들을 위한 조언

(Feat. NPO스쿨)

조직을 나와 '프리랜서 형태의 컨설턴트'를 선택한 사람이라면 고민이 많을 것이다. 상황이 이렇다면 '컨설턴트'로서의 준비보다 '프리랜서'로서의 생존이 더욱 중요해질 수밖에 없다. 성공의 법칙은 사람마다 다르다. 아래의 조언 역시 표준과 정답은 아니겠지만, 프리랜서로 살아남기 위해 시행착오를 줄이는 방법의 하나로써 숙고해 보기 바란다.

시작 단계의 '프리랜서'를 위한 조언

1. 사무실은 천천히 구해도 괜찮다

이제 시작하는 단계라면 사무실을 정해놓고 출퇴근할 시간에 업무에 온전히 집중하는 게 낫다. 집이나 협업공간을 활용하여 명함의 주소지를 꾸미는 것으로 충분하다. 어느 정도 궤도에 올라선 후 사무실을 세팅해도 늦지 않다.

2. 홈페이지에 많은 돈을 쓰지 마라

홈피를 통해 신뢰를 제공하는 방식이 나쁠 리는 없지만 시작하는 단계라면 이야기가 다르다. 인터넷을 통해 당신을 우연히 발견하고 일을 맡기는 경우는 드물다. 시작 단계는 주변 지인을 통해 일을 시작하는 경우가 압도적이다.

3. 영업은 최대한 신중하게 한다

자신을 알리기 위해 여기저기 홍보물을 살포한다면 단기적으로는 일감이 늘어나지겠만 이미지가 훼손될 수도 있다. 근거리에서 당신을 알고 의뢰하는 사람들부터 만족시켜 차근차근 홍보 범위를 확장한다면 속도는 느려도 튼튼한 기반이 형성된다.

4. 돈 얘기로 까탈스럽게 굴지 마라

프리랜서가 됐다고 처음부터 대단한 전문가 대접을 바란다면 오산이다. 첫째도 의뢰인의 성공이고, 둘째도 의뢰인의 성공이다. 오직 이것에 초점을 맞추며 묵묵히 해낸다면 언젠가 대우를 받을 날이 찾아온다.

5. 직원 채용은 신중을 기하라

제조업처럼 직원 수가 많다고 생산성과 영향력이 높은 종류의 업(業)은 아니다. 상근직원을 채용하면 고정지출로 인해 컨설팅 비용은 비싸지게 된다. 차라리 상시적으로 협업이 가능한 네트워크를 만들어 관리하라.

 해 보 니 까   이 렇 더 라

NPO스쿨 모델

2015년 나홀로 창업한 NPO스쿨은 현재 20명 가까운 전문가 집단이 되었지만, 아직도 상근직원이 없는 '거버넌스 조직'의 형태를 고수하고 있다. 오로지 전문가의 네트워크로 운영하는 NPO스쿨은 이사회와 프로젝트를 담당하는 연구원 등으로 구성되어 있다. 이들은 모두 과업에 따른 성과급으로 보수를 받으며 이를 위해 엄격한 성과평가의 대상이 된다.

NPO스쿨은 지속가능한 공익활동을 위해 강의, 컨설팅, 연구로 지원해 왔고, 2019년 한 해 30개의 용역을 수행했다. 흔히 조직에 일이 많아지면 직원들은 싫어한다고 하는데, NPO스쿨은 조직에 일이 많아지면 모두들 좋아한다. 일이 많아짐은 개인적인 수익과 성취가 비례함을 의미하기 때문이다. 조직 모델에 정답은 없겠으나, NPO스쿨의 모델을 사회혁신조직의 하나의 사례로써 검토할 수는 있을 것이다.

비영리단체의
컨설팅 가이드북

◆

A Guidebook for Consulting on Nonprofits.

[부록1] 컨설팅 계획서 양식

사업명			
의뢰처		컨설팅 구분	
의뢰처 문제 사항			
컨설팅 중점 사항			
회차별 추진 계획	회차	내용	비고
컨설팅 기대 효과			
컨설팅 방법/준비물			

2020년 00월 00일 작성자 : _____

[부록2] 컨설팅 일지 양식

회 차			의뢰처	
일 시			장 소	
참석자	구분	성명	소속	
	컨설턴트			
	의뢰처			
진행 일정	시 간	내 용	비 고	
의뢰처 요청 사항				
컨설턴트 관찰 내용				
개선점 및 제안 사항				
총평 및 향후 계획	*사진자료 별첨			

2020년 00월 00일 작성자 : ＿＿＿＿＿＿

[부록3] 컨설팅 결과보고서 양식

○ 과업개요

  – 과업 제목
  – 제기 배경
  – 과업 목적
  – 과업 기간

○ 과업 추진과정

  – 과업 방법
  – 과업 일정
  – 투입 인력

○ 컨설팅 결과

  – 정량 성과
  – 정성 성과
  – 컨설팅 평가지 결과
  – 사진 자료

○ 결론 및 제언

  – 결론 및 총평
  – 시사점과 교훈
  – 제언과 권고사항

※ 별첨 문서

  – 컨설팅 일지
  – 컨설팅 평가지
  – 사진 원본

[부록4] 컨설팅 평가지 양식

1. [만족도 항목] 컨설팅에 대한 전반적 만족도는 어떻습니까?

　　① 매우 높음　　② 높은 편　　③ 보통　　④ 낮은 편　　⑤ 매우 낮음

> 그렇게 선택하신 이유는 무엇입니까?

2 [효과성 항목] 컨설팅이 문제 및 과제 해결에 도움이 되었습니까?

　　① 매우 그러함　　② 그런 편　　③ 보통　　④ 아닌 편　　⑤ 매우 아님

> 그렇게 선택하신 이유는 무엇입니까?

3. [전문성 항목] 컨설턴트의 준비상태와 전문성은 어떻습니까?

　　① 매우 높음　　② 높은 편　　③ 보통　　④ 낮은 편　　⑤ 매우 낮음

> 그렇게 선택하신 이유는 무엇입니까?

4. [시의성 항목] 컨설팅이 적절한 시기에 이루어졌습니까?

① 매우 그러함   ② 그런 편   ③ 보통   ④ 아닌 편   ⑤ 매우 아님

그렇게 선택하신 이유는 무엇입니까?

5. [적합성 항목] 컨설팅의 범위와 주제가 적합했습니까?

① 매우 그러함   ② 그런 편   ③ 보통   ④ 아닌 편   ⑤ 매우 아님

그렇게 선택하신 이유는 무엇입니까?

6. [확장성 항목] 본 컨설팅을 주변에 추천할 의향이 있습니까?

① 매우 그러함   ② 그런 편   ③ 보통   ④ 아닌 편   ⑤ 매우 아님

그렇게 선택하신 이유는 무엇입니까?

7. [지속성 항목] 컨설팅이 앞으로도 계속되기를 바랍니까?

　① 매우 그러함　② 그런 편　③ 보통　④ 아닌 편　⑤ 매우 아님

> 그렇게 선택하신 이유는 무엇입니까?

8. [제안 의견] 기타 제안하실 의견이 있다면 적어주시기 바랍니다.

이미 다가온 컨설팅의 시대

과거, 컨설팅이라면 왠지 내가 할 일이 아니라 기업 출신의 멋진 양복을 입은 전문가들의 전유물로 보였다. 하지만 알게 되었다. 우리 조직의 특성을 잘 알지 못하는 사람들이 컨설팅을 진행하면 상황은 오히려 더욱 악화될 수 있다는 사실을.

이곳저곳 컨설팅이 성업이다. 개인적인 상담부터 조직의 거대한 설계까지 따지고 보면 모두 컨설팅이 아닌 것이 없다. 그러나 당신이 기업 출신이 아니라도, 당신이 큰 조직 출신이 아니라도 관계없다. 현장에서 성장한 사람들의 전문성이 어느 때보다 귀하게 사용되는 시대가 왔기 때문이다. 이미 다가온 컨설팅의 시대다.

우리는 누군가를 도울 때 자신이 성장함을 느낀다. 우리는 누군가를 도울 때 자신의 효능감과 존재이유를 확인한다. 우리는 누군가를 도울 때 더 큰 가치를 향해 나아가는 유의미한 삶을 확신한다. 남을 돕는다는 것은 이렇게나 근사한 일이다. 하물며 자신만의 전문성을 가지고 돕는다는 것은 얼마나 멋진 일인가.

나는 지난 시간 동안 타인에게 해왔던 이 각양각색의 '기여'를 한마디로 뭐라 표현해야 할지 몰랐다. 지원도 아니고 협업도 아닌, 강의만으로 끝나지 않으며 상담만 한다고 되는 것도 아닌, 돕는 것은 맞지만 일방적인 수혜도 아닌, 이 복잡미묘하고도 매력적인 행위를 이제 컨설팅이라 통칭하는데 익숙해졌다.

당신의 전문성은 짐작하는 것 이상으로 대단한 자원이다. 그것은 지금 이 순간 누군가에게 간절하고 절실한 역량이다. 거창한 프로젝트가 아니어도 관계없다. 이름을 꼭 컨설팅으로 부르지 않아도 좋다. 도움을 바라는 사람과 도움을 줄 수 있는 사람의 만남은 세상에서 가장 아름다운 것이며 이 책은 그 멋진 만남을 컨설팅으로 설명하고 있다.

현장전문가의 시대,
이제 당신이 주인공이다.

2020. 2.
컨설턴트 이재현 드림.

수 료 증

귀하는 이 책을 정독함으로

비영리단체의 컨설팅 기초이해 과정을

수료하였음을 인증합니다.

이 길을 개척한 모든 사람들의 이름을 대신하여 드립니다.

_____ 드림

년   월   일

비영리단체의 컨설팅 가이드북

조직 컨설팅의 실제

1판 1쇄 발행 2020년 4월 9일

지 은 이 | 이재현
펴 낸 이 | 김진수
펴 낸 곳 | 한국문화사
등   록 | 제1994-9호
주   소 | 서울특별시 성동구 광나루로 130 서울숲 IT캐슬 1310호
전   화 | 02-464-7708
팩   스 | 02-499-0846
이 메 일 | hkm7708@hanmail.net
홈페이지 | hph.co.kr

ISBN   978-89-6817-865-8   03320

· 이 도서의 국립중앙도서관 출판예정도서목록(CIP)은 서지정보유통지원시스템 홈페이지
 (http://seoji.nl.go.kr)와 국가자료공동목록시스템(http://www.nl.go.kr/kolisnet)에서
 이용하실 수 있습니다(CIP제어번호: CIP2020013763).